누구나 따라하는

N 네이버
스마트스토어

| 권혁중 저 |

만들기

DIGITAL BOOKS
디지털북스

| 만든 사람들 |
기획 IT·CG기획부 | **진행** 양종엽 | **집필** 권혁중 | **표지디자인** 원은영 | **편집디자인** 이기숙

| 책 내용 문의 |
도서 내용에 대해 궁금한 사항이 있으시면
저자의 홈페이지나 디지털북스 홈페이지의 게시판을 통해서 해결하실 수 있습니다.
디지털북스 홈페이지 digitalbooks.co.kr
디지털북스 페이스북 facebook.com/ithinkbook
디지털북스 인스타그램 instagram.com/digitalbooks1999
디지털북스 유튜브 유튜브에서 [디지털북스] 검색
디지털북스 이메일 djibooks@naver.com
저자 이메일 ceo@propr.co.kr
저자 블로그 https://blog.naver.com/prucc
저자 유튜브 '여의도정보맨' 채널

| 각종 문의 |
영업관련 dji_digitalbooks@naver.com
기획관련 djibooks@naver.com
전화번호 (02) 447-3157~8

머리말

전자상거래의 시대가 도래했습니다. 이제는 대부분의 상품을 온라인에서 검색하고 온라인에서 주문하고 온라인에서 평가를 합니다. 오프라인은 이제 물건을 구매하러 가는 곳이 아닌 고객들이 경험을 쌓고 즐기는 공간으로 변했습니다. 안타까운 것은 이런 변화의 시기에 제대로 적응하지 못해서 사업이 망하거나 매출이 하락하는 기업들이 생각보다 많다는 것입니다.

컨설팅을 통해 느끼는 것은 대기업 같은 경우 전문 인력을 보강하면서 변화에 적응하고 있지만 중소기업, 중소상인들은 마땅한 전문인력이나 지식, 경험이 없어서 속수무책으로 매출하락을 눈으로 지켜보고만 있다는 것입니다. 그런 대표님들을 인터뷰해보면 매출이 떨어지는 걸 알고는 있지만 어떻게 해야 할지 모른다는 분들이 대부분이었습니다. 온라인 쇼핑몰을 운영하고 싶어도 나이가 들어서 또는 이제 창업하기에 어렵다는 분들이 많았습니다. 이러한 상황에서 누구나 쉽게 쇼핑몰을 만들고 온라인 사업을 할 수 있도록 도와드려야겠다는 생각을 했습니다. 바로 〈누구나 따라하는 네이버 스마트스토어 만들기〉 책이 나온 이유입니다.

무엇보다 이 책은 수많은 기업 컨설팅을 통해 얻어진 빅데이터를 바탕으로 실제 대표님 또는 실무자가 필요한 내용만 담았습니다. 3개 파트, 20개 챕터, 75개의 핵심스킬로 구성된 방대한 양의 정보를 통해 누구나 쉽게 스마트스토어를 창업하거나 운영할 수 있도록 큐레이션하여 수록했습니다.

파트 1은 창업을 처음하시거나 또는 오프라인 사업은 하고 있지만 온라인 사업을 처음하시는 분들을 위한 기획을 담았습니다. 무엇보다 온라인 사업에 맞는 창업 절차, 세무, 관련법을 사례를 통해 다뤘기에 지식이 전혀 없더라도 남녀노소 누구나 쉽게 이해할 수 있습니다.

파트 2는 스마트스토어를 실제 구축할 수 있도록 하였습니다. 사실 지금까지 나온 스마트스토어 관련 책들은 초보자들이 봐도 이해하지 못하는 마케팅이나 저자 개인 경험만 길게 기술했다는 점을 반면교사 삼았습니다. 파트 2에서는 실제 스마트스토어를 처음부터 어떻게 가입하고 상품을 등록하는지, 어떻게 메인페이지를 매력적으로 디자인할 수 있는지, 그리고 각종 프로모션과 기능을 어떻게 설정할지 이론이 아닌 실제, 직접 만들어 가는 과정을 담았습니다. 그러다보니 누구나 따라 하기만 하면 어느새 멋진 스마트스토어를 완성할 수 있습니다. 이러한 내용으로 모니터링한 결과 정말 실무에서 필요한 책이라는 평가를 받았습니다.

파트 3은 네이버 마케팅을 다뤘습니다. 스마트스토어의 강점은 다양한 네이버 플랫폼과의 연계입니다. 그렇기에 스마트스토어의 매출을 올리기 위해서 네이버의 다양한 플랫폼을 알고 있어야 합니다. 여기서는 네이버의 대표적인 플랫폼이 무엇이 있고 그것을 가지고 어떻게 내 스마트스토어를 홍보하고 상품을 광고할 것인지 배울 수 있습니다. 예를 들어 네이버 블로그로 내 상품을 알리고자 했을 때 먼저 네이버 광고 플랫폼을 활용하여 사람들이 잘 찾는 키워드를 뽑아내고, 그 키워드를 중심으로 네이버 블로그로 상위노출을 하여 판매하는 매우 실무적이고 체계적인 내용을 설명했습니다. 즉, 형식적인 이론서 매뉴얼 책이 아니라 실제 실무에서 하고 있는 방법들을 그대로 설명했습니다. 그렇기에 꼭 스마트스토어가 아니더라도 네이버 마케팅이 필요한 분들이 보셔도 만족할 수 있도록 고급 정보와 마케팅 스킬을 담았습니다.

〈누구나 따라하는 네이버 스마트스토어 만들기〉를 통해 포스트 코로나 시대에 맞는 온라인 판매를 시작할 수 있습니다. 무엇보다 오프라인 소상공인이라면 디지털 전환으로 인한 매출 상승의 기쁨을 누릴 것입니다. 또한 마케팅 실무자라면 '4차산업혁명 시대'에 맞는 유통 전문 마케터로 인정받을 것입니다. 여기 그 방법이 기록되어 있습니다. 전자상거래 전공 겸임교수로, 홍보 컨설팅법인 대표로, 경제평론가로, 실버버튼(10만이상) 유튜버로 활동하며 수많은 대표님에게 칭찬받은 이유는 정말 필요한 해결책을 제시했기 때문입니다. 그러한 이유로 6개월 전에 세상에 나온 〈누구나 따라하는 쇼핑몰 창업&마케팅〉 책이 세종도서(정부가 그해 대표책으로 선정)로 선정되어 각 공공기관, 도서관에 비치되었습니다. 국가대표 책으로 인정한 이유는 그만큼 많은 분들에게 도움이 되었기 때문입니다. 지금 〈누구나 따라하는 네이버 스마트스토어 만들기〉도 같습니다. 네이버라는 플랫폼을 적극 활용하여 여러분도 인생의 성공의 맛을 느껴보시길 기원 드립니다.

늘 힘이 되어주는 가족과 특히 아빠처럼 책을 쓰고 싶다고 옆에서 웃음을 준 7살 도훈이에게,

항상 응원해주시는 영유아 프리미엄 스킨케어 브랜드 '베리맘'에게, 또한 세상에 가치 있는 책을 만들어보자고 의기투합했던 디지털북스에게도 감사를 표합니다. 무엇보다 제 책을 사랑하여주시는 많은 독자님들께 감사를 드립니다. 가치를 알아보고 그 가치를 더욱 빛나게 하는 것은 바로 독자님들이 이 책을 통해 뭔가 하나라도 더 배우고 그 배움을 통해 세상을 더 아름답게 하는 일이라고 생각합니다. 제가 강의 마지막에 늘 하는 이야기가 있는데, 바로 우리는 왜 돈을 벌려고 하는 것일까? 왜 스마트스토어로 큰 성공을 거두고 싶을까? 입니다. 그것은 나눠주기 위함임을 다시 한 번 머리글을 통해 강조하고자 합니다.

이 책을 통해 분명 여러분은 큰 성공을 거둘 수 있을 것입니다. 그때 꼭 기억해 주십시오. 우리 주위 어려운 이웃들에게 조그마한 부를 기부해주시고 또한 보호가 필요한 어린아이들에게 멋진 키다리 아저씨, 아가씨가 되어 주십시오. 그러기 위해서 여러분은 성공해야 합니다. 또한 분명 그렇게 될 것 입니다. 저와 이 책이 여러분을 성공의 자리로 안내할 것입니다.

– 여의도에서 권혁중 올림 –

동영상 강의 및 최신 자료를
무료로 다운로드 하세요.

CONTENTS

PART 02 스마트스토어 설정 및 운영

CONTENTS

03 PART 네이버 마케팅

CONTENTS

스마트스토어 특징과
입점 방법

OPEN

아이템 설정

스마트스토어
세무 상식

사업자등록 신청하기

01 PART

스마트스토어
기획

CHAPTER

01 스마트스토어 특징과 입점 방법

Q1 네이버 쇼핑은 무엇인가요?

네이버 전자상거래를 이해하려면 첫 번째로 '네이버 쇼핑'과 '네이버 스마트스토어'의 개념 차이부터 알아야 합니다. 많은 분들이 이 두 가지가 정확히 무엇인지 궁금해합니다.

한마디로 정리하면, 네이버 쇼핑은 네이버를 통해 온/오프라인 상품 탐색과 쇼핑 정보, 가격 비교, 제품리뷰 등이 가능한 네이버 쇼핑 플랫폼을 의미합니다. 즉, 오프라인 매장이든 일반 온라인 쇼핑몰이든 네이버라는 공간에서 상거래가 이뤄지게 해주는 플랫폼입니다. 그래서 누구나 네이버 쇼핑 플랫폼에서 물건을 팔거나 살 수 있습니다.

네이버 쇼핑은 크게 네이버 쇼핑 판과 네이버 통합 검색 그리고 네이버 쇼핑 윈도, 이렇게 3가지 방법으로 소비자들과 만나고 있습니다.

▲ 네이버 쇼핑 판, N페이

▲ 네이버 통합 검색

▲ 네이버 쇼핑 윈도

그럼 네이버 쇼핑 플랫폼을 통해 상품은 팔고 싶지만 온라인 쇼핑몰이 없는 분들은 어떻게 해야 할까요? 쇼핑몰이 없어서 네이버를 통한 상품판매를 못 하는 것일까요? 아닙니다. 바로 그런 분들을 위해서 네이버는 '스마트스토어'라는 쇼핑몰 솔루션을 제공하고 있습니다. 네이버 스마트스토어란 네이버 쇼핑이 제공하는 쇼핑몰 솔루션으로, 판매자가 쇼핑몰이 없어도 누구나 쉽게 쇼핑몰을 만들어서 전자상거래를 할 수 있도록 도와줍니다.

요즘에는 네이버에 최적화하기 위해서 자사 쇼핑몰이 있더라도 따로 스마트스토어를 가입하여 판매하는 분들도 많아졌습니다. 이외에도 스마트스토어를 사용하는데 여러 가지 이유가 있겠지만, 스마트스토어는 나만의 스토어 개설부터 내 상품 등록까지 모든 비용이 무료라는 장점도 가지고 있습니다. 다만 결제 수수료나 쇼핑 연동 수수료는 존재하는데, 이러한 내용은 앞으로 자세히 알아볼 것입니다.

▲ 네이버 스마트스토어

Q2 스마트스토어는 무엇인가요?

'온라인에서 만드는 내 가게' 라는 캐치프레이즈는 네이버가 정의한 스마트스토어 개념입니다. 그 뜻은 무엇일까요? 바로 누구나 제한 없이 쉽고 편리하게 내 가게를 만들 수 있다는 뜻입니다. 과거에 그랬듯 어렵게 가게를 만드는 것이 아니라 온라인으로 쉽게 만들 수 있다는 것입니다. 다시 말해서 스마트스토어는 간편한 입점 절차를 거쳐 누구나 간단하게 쇼핑몰을 만들 수 있는 판매 플랫폼입니다. 또한 검색 광고, 네이버 쇼핑, SNS 공유기능을 통해 다양한 마케팅 활동이 가능합니다. 앞으로 계속 살펴보겠지만 왜 많은 이들이 스마트스토어로 온라인 사업을 하는지 알게 될 것입니다.

조금 더 전문적으로 정의를 내리면, 스마트스토어는 '네이버(주)가 운영하는 전자상거래 오픈 쇼핑 플랫폼'이라고 정의할 수 있습니다. 운영하는 주체인 '네이버(주)'를 강조한 이유는 네이버(주)가 가지고 있는 다양한 플랫폼과의 연동이 가능하다는 점 때문입니다.

▲ 네이버 비즈니스 플랫폼

이 책은 네이버가 말하는 정신 그대로 '온라인에서 만드는 내 가게' 내용에 충실했습니다. 이 책에서는 배워도 적용할 수 없는 내용은 배제하고, 누구나 쉽게 스마트스토어를 시작하고 판매할 수 있게 하나하나 함께 실습하도록 했습니다. 즉, 제로 상태에서 시작해 멋진 스마트스토어를 구축하고 마케팅까지 같이 할 수 있도록 구성되어 있습니다.

Q3 스마트스토어는 판매 수수료가 없다는데 맞나요?

스마트스토어 출시 전까지 논란도 많았고 그와 관련한 히스토리도 길지만, 간단히 말하자면 네이버의 첫 전자상거래 플랫폼인 '샵N'을 정리하고 바로 '스토어팜'(스마트스토어의 과거 이름)을 출시했습니다. 초기 샵N의 등장은 11번가나 G마켓 같은 오픈 마켓 업계의 반발을 불러왔습니다. 왜냐하면 막강한 검색, 광고시장을 잡고 있는 네이버가 오픈마켓을 하게 되면 불공정한 게임이 된다는 게 주요한 이유였습니다. 기울어진 운동장에서 아무리 공을 굴려도 한쪽에 유리한 것처럼, 검색시장을 장악한 네이버가 오픈마켓까지 하면 불공정게임이 된다는 것이었죠. 결국 업계의 강력한 반발로 네이버는 판매 수수료가 없는 '스토어팜'을 출시했습니다. 판매 수수료가 없다는 것은 판매 수수료 수익보다는 검색이나 광고 DB를 통해 수익을 내겠다는 의미였습니다. 결론부터 말하자면 그 전략은 맞았습니다. 현재의 아마존과 같은 글로벌 기업들은 판매 수수료보다 고객의 빅 데이터를 가지고 활용하는 작업에 더 열을 올리고 있습니다. 그 안에 고객의 쇼핑 DB는 필수입니다. 오히려 그것이 돈이 되는 세상이 온 것입니다. 그렇게 해서 '스토어팜'은 판매 수수료가 없는 오픈 플랫폼이 되었습니다. 이렇게 시작된 스토어팜은 4차 산업혁명의 핵심인 AI, 핀테크 기술과 융합하여, 2018년 '스마트스토어'라는 이름으로 진화했습니다.

Q4 쇼핑몰 유통 메커니즘을 알고 싶어요.

본격적인 스마트스토어 판매에 앞서 우리는 쇼핑몰 유통 구조를 이해하고 있어야 합니다. 스마트스토어는 쇼핑몰이기 때문에 기본적인 유통구조, 즉 도매와 소매의 차이를 이해해야 스마트스토어를 잘 운영할 수 있습니다.

전자상거래의 사전적 정의를 찾아보면 '재화나 용역의 거래 관계에서 그 전부 또는 일부분이 전자문서에 의하여 처리되는 방법으로 이루어지는 상거래'라고 되어 있습니다. 그렇습니다, 우리는 장사를 하는 것입니다. 다시 말해 재화나 용역을 스마트스토어에 올려서 장사를 하는 것입니다. 그렇기 때문에 유통의 구조를 살펴보면서 쇼핑몰의 개념을 잡아보겠습니다.

먼저 일반적인 유통 방법을 살펴보겠습니다. 제조업체에서 물건을 만들면 총판으로 넘기게 되는데, 보통 지역마다 1개의 총판이 존재합니다. 총판에서는 각 지역 도매상에게 넘기고, 다시 도매상은 소매상에게 넘겨서 소비자는 이런 소매상에게 물건을 삽니다.

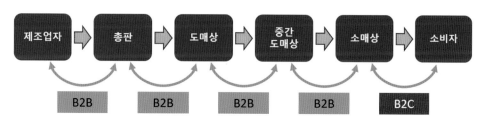

▲ 일반적인 유통방법

여기서 쇼핑몰의 대부분은 소매상을 뜻합니다. 스마트스토어도 마찬가지로, 소비자에게 바로 판매하는 구조다 보니 소매상이 됩니다. 물론 도매로도 활용할 수 있지만 스마트스토어 기능상 소매상이 더 어울립니다.

쇼핑몰의 유통 단계는 일반적인 유통단계보다 심플합니다. 위의 그림을 보면 소매상들은 도매상에게 물건을 가져오게 됩니다. 예를 들어 패션 아이템으로 보면, 쇼핑몰 사장들은 동대문 도매상가에서 물건을 가져와 소비자에게 판매하는 원리를 취하고 있습니다. 여기서 우리가 도매상가에서 물건을 가져오면 사업자 대 사업자라는 뜻의 B2B(Business to Business)라고 하고, 그 물건을 소비자에게 팔았다면 사업자 대 소비자를 뜻하는 B2C(Business to Customer)라고 말합니다.

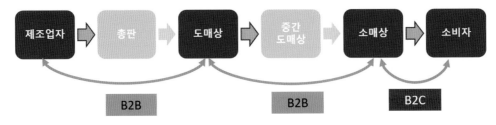
▲ 쇼핑몰 유통과정

도매상이 쇼핑몰을 운영하는 경우는 약간 변칙적인 방법입니다. 쇼핑몰은 누구나 할 수 있으니 요즘에는 마진 때문에 도매상들이 직접 쇼핑몰을 만들어 소비자를 직접 만나기도 합니다. 이유는 역시 가격경쟁력을 가지고 있기 때문입니다. 실제 스마트스토어를 검색해 보면 가격이 매우 저렴한 상품들을 만나게 됩니다. 이는 도매상들이 직접 스마트스토어에 올려서 판매하고 있는 것으로, 이런 경우는 생각보다 많습니다. 그만큼 스마트스토어는 누구나 가입이 가능하고 판매가 가능하기 때문입니다. 도매상이 직접 쇼핑몰을 만들어 물건을 팔면, 소매상들보다 더 저렴하게 팔 수 있기에 가격경쟁력에서 앞설 수밖에 없습니다. 하지만 꼭 이렇게 한다고 해서 성공한다는 보장은 없습니다. 쇼핑몰은 단순히 가격 때문에 성공하는 시장이 아니기 때문입니다.

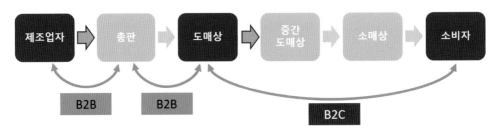
▲ 도매상이 쇼핑몰을 운영하는 경우

Q5 쇼핑몰은 어떤 것들이 있나요?

쇼핑몰은 크게 B2B, B2C 두 가지로 나눌 수 있습니다.

- B2B (Business to Business): 기업과 기업 간의 전자상거래
- B2C (Business to Customer): 기업과 소비자 간의 거래 (쇼핑몰 중에서 가장 많은 비중을 차지하는 사업모델)

B2C 쇼핑몰 분류

종류	설명	예시
자사몰	판매자가 직접 운영하는 형태로, 흔히 부르는 인터넷 쇼핑몰. 정부에서는 전문몰이라는 이름으로 분류하고 있음.	카페24, NHN고도, 메이크샵 등의 쇼핑호스팅을 이용하는 스타일난다, 임블리, 육육걸즈 등
오픈 마켓	누구나 쉽게 가입하여 판매할 수 있는 오픈 쇼핑몰 플랫폼	G마켓, 옥션, 11번가, 스마트스토어(자사몰과 오픈 마켓의 중간성격) 등
종합몰	대형 오프라인 유통 플랫폼을 가지고 있으면서 전자상거래도 하는 종합쇼핑몰	신세계몰(SSG), 롯데몰, 현대몰, CJ몰 등
편집샵	한 전문 쇼핑몰에 2개 이상의 전문 브랜드 제품을 모아 판매하는 유통 형태	무신사, W컨셉, 위즈위드 등
소셜커미스	과거에는 소셜미디어에서 고객을 모집하여 공동구매로 가격을 낮추는 판매 시스템으로 시작했지만 현재는 오픈 마켓처럼 운영됨	쿠팡, 티몬, 위메프 등
SNS커머스	유튜브, 페이스북, 인스타그램, 카카오스토리 등 SNS 플랫폼 계정을 통해 유통하는 형태	블로그마켓, 인플루언서 상품판매

여기서 스마트스토어는 꼭 오픈 마켓이라고 말하기 어렵고 자사몰이라고 말하기도 어려워, 자사몰과 오픈 마켓을 융복합한 성격을 가지고 있다고 정의할 수 있습니다. 그러한 이유는 앞으로 배울 스마트스토어가 가지는 장점과 수수료 체계를 보면 쉽게 이해할 수 있습니다.

Q6 스마트스토어의 장점은 무엇인가요?

1. 입점/등록/판매 수수료 무료
스마트스토어의 가장 큰 장점입니다. 기본 판매 수수료가 없습니다. 단, 쇼핑 연동 수수료와 결제 수수료는 존재합니다. 더 자세한 내용은 수수료 부분에서 자세하게 배워볼 것입니다.

2. 간단한 가격 비교 연동
네이버 스마트스토어는 네이버의 강력한 검색기능과 알고리즘의 힘으로 간단하게 가격 비교 연동이 가능합니다.

3. 결제는 네이버페이
결제 방법으로 네이버페이가 자동으로 세팅되기 때문에 누구나 편리하게 네이버페이를 사용할 수 있습니다.

4. 고객 상담은 스토어별 [소식받기] 기능 (구 톡톡친구)
스토어별 [소식받기] 기능(구 톡톡친구)은 과거 알리바바의 '알리왕왕'처럼 판매자와 고객을 연결해

주는 메신저입니다. CS 측면에서 매우 뛰어나 판매자 입장에서도 언제든 모바일로 고객 응대가 가능합니다. 참고로 [톡톡친구]는 스마트스토어에서 [소식받기] 기능으로 변경되었습니다.

5. 트래픽 분석은 애널리틱스
4차 산업혁명 시대의 마케팅은 정량적 마케팅, 즉 빅 데이터를 통한 마케팅이 주목을 받고 있습니다. 이런 쇼핑 빅 데이터 분석을 애널리틱스로 간단하게 할 수 있습니다.

6. 매장 위치 검색은 네이버 지도
네이버의 강력한 위치기반 플랫폼인 네이버 지도를 통해 여러분의 매장을 노출하게 됩니다.

7. 간편한 사이트 자동 등록
여러분의 사이트가 네이버 검색에 등록할 필요 없이 자동으로 등록됩니다. 애써서 등록할 필요가 없습니다.

8. 스토어와 연결 네이버 모두
네이버의 무료 모바일 홈페이지인 모두(modoo!) 서비스와 스마트스토어가 연동이 됩니다. 즉, 모두(modoo!)를 통해 유입된 고객들이 상품을 구매하는 상거래가 가능합니다.

Q7 스마트스토어 수수료가 궁금합니다.

실제 현재의 스마트스토어 수수료를 보면 아래와 같습니다.

스마트스토어 수수료

스토어 개설/상품 등록/판매 수수료	네이버쇼핑 유입수수료 (VAT 포함)	네이버페이 주문관리 수수료 (VAT 포함)
무료	2%	21년 7월 31일부터 결제 수단별 구분을 없애고 수수료를 단일화하여 영세 · 중소 사업자에게는 우대 수수료율을 적용 (22년 1월 31일 수수료 인하 개정~현재) • 영세 (연 매출 3억원 이하): 1.98% • 중소1 (연 매출 3~5억원): 2.585% • 중소2 (연 매출 5~10억원): 2.75% • 중소3 (연 매출 10~30억원): 3.025% • 일반 (연 매출 30억원 이상): 3.63%

〈출처: 스마트스토어 수수료안내〉

앞서 설명해 드렸듯 스마트스토어는 판매 수수료가 무료입니다. 다만 네이버 쇼핑 매출을 연동했을 때 2% 수수료가 있으며 결제에 따른 수수료가 발생됩니다. 즉, 네이버 쇼핑을 통해 판매가 이루어지면 연동 수수료 2%가 붙고, 매출액에 따라 결제 수수료 최대 3.63%가 붙습니다. 이렇게 네이버 쇼핑 노출을 통해 판매되면 최대 5.63% 정도의 수수료가 나오게 됩니다. 반면에 네이버 쇼핑 노출이 안 된 상태에서 판매가 되면 최대 3.63% 결제 수수료만 붙게 됩니다. 네이버 스마트스토어를 처음 하시는 분들을 위해서 다음 그림으로 정리했습니다.

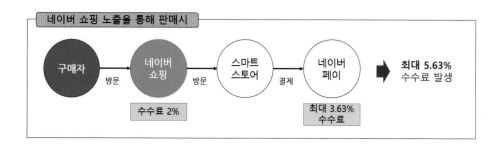

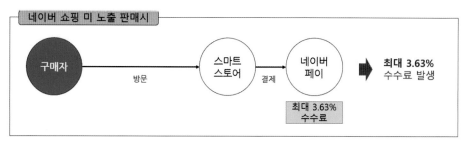

▲ 스마트스토어 수수료

주문관리 수수료는 택배비까지 합한 금액에서 계산하고, 네이버쇼핑 매출 연동 수수료는 택배비를 제외한 실제 판매금액에서 계산합니다. 이에 대한 더 자세한 내용은 실제 판매금액에서 어떻게 수수료가 정산되는지 사례로 설명하는 [Chapter 9. 정산관리]에 정리되어 있습니다.

보통 오픈 마켓의 경우 판매 수수료로 약 13% 정도(의류 카테고리 기준)를 받는 것을 고려할 때, 스마트스토어는 판매자 입장에서 매우 저렴한 수수료라는 것을 알 수 있습니다. 이유는 앞서 설명했듯이 네이버는 판매 수수료보다는 고객 DB와 광고 시장을 얻고자 하는 취지가 강하기 때문입니다.

Q8 스마트스토어, 오픈 마켓, 자사몰 차이점이 무엇인가요?

스마트스토어, 오픈 마켓 그리고 자사몰을 초기 사업비용 중심으로 비교 분석해 보겠습니다. 그럼 각각의 차이점이 쉽게 눈에 들어옵니다.

스마트스토어, 오픈 마켓, 자사몰의 차이

종류	스마트스토어	오픈 마켓	자사몰(독립몰)
① 사입 비용	보통 100 ~ 1,000 만 원, 운영자마다 다름		
② 도메인 비용	선택(도메인 연결가능) 도메인 구입비용 약 22,000원 (부가세포함)	X (단독 도메인 연결 불가)	약 22,000원 (부가세포함)

종류	스마트스토어	오픈 마켓	자사몰(독립몰)
③ 솔루션 유지 비용 (서버 유지 비용)	X	X	카페24:무료, 고도몰:무료, 유료
④ 판매 수수료	X (단, 네이버쇼핑 연동 시 2%)	O (카테고리마다 다름, 보통 의류 같은 경우 12~13%)	X
⑤ 결제 수수료	O (매출액에 따라 상이함)	X	O (결제방법에 따라 상이함)
⑥ 스킨 디자인 비용	X	X	평균 약 10만 원 이상
⑦ 사업자등록 비용	개인사업자: 무료 법인사업자: 등기비용 유료		
⑧ 통신판매업 비용	간이과세자, 일반과세자 : 등록면허세 40,500원 (매년) 단, 면허세는 지역마다 다름		
⑨ PG사 세팅 비용 (신용카드 세팅비용)	X	X	약 220,000원 (1회성 비용)
⑩ 검색 사이트 등록 비용	X	X	X
⑪ 광고 비용	운영자마다 다름		

Q9 스마트스토어 입점서류는 무엇인가요?

스마트스토어는 개인 셀러(성인 또는 미성년자), 사업자(개인 사업자 또는 법인 사업자) 그리고 해외사업자 셀러, 이렇게 3가지 셀러 형태가 있습니다. 그러다 보니 서로 각각 입점서류가 다릅니다.

개인 셀러 입점서류

성인	없음
미성년자 (만 19세 미만/생년월 일 기준)	• 법정대리인 동의서 사본 1부 (스마트스토어 가입센터에서 다운로드 가능) • 법정대리인 증명서 (가족관계증명서 등) 사본 1부 • 법정대리인 인감증명서 사본 1부 　▶ 인감증명서 : 최근 3개월 이내 발급 / 주민등록번호 뒤 7자리 마스킹

스마트스토어는 법정대리인 동의서만 있으면 미성년자도 가입이 가능하기 때문에, 누구나 쉽게 판매가 가능합니다. 실제 교육을 해보면 10대 예비 CEO들도 많이 배우고 있습니다.

사업자 입점서류

사업자	• 사업자등록증 사본 1부 • 대표자 인감증명서 (또는 대표자 본인서명사실확인서) 사본 1부 • 대표자 혹은 사업자 명의 통장 (또는 계좌개설확인서, 온라인통장표지) 사본 1부

법인사업자	• 사업자등록증 사본 1부
	• 법인 명의 통장 사본 1부
	• 법인 인감 증명서 사본 1부

• **사업자등록증** : 최근 1년 이내 발급 / 공정거래위원회(http://www.ftc.go.kr)에서 조회 되는 통신판매업 사업자 정보와 일치 확인
• **인감증명서** : 최근 3개월 이내 발급 / 주민등록번호 뒤 7자리 마스킹
• **부가가치세 면세사업자 / 면세사업자** : 통신판매업신고증 필수
• **통신판매업신고**
  – 미신고자 : 스마트스토어 가입 절차 완료 후 안내에 따라 통신판매업신고 별도 진행
  – 신고자 : 가입 시 통신판매업 신고번호만 입력하면 별도 서류제출 필요 없음

[통신판매업 신고 면제 기준]
  1) 직전년도 동안 통신판매의 거래횟수가 50회 미만인 경우
  2) 부가가치세법 제 2조 제 4호의 간이과세자인 경우

해외사업자 입점서류

해외거주 사업자	• 대표자 해외 여권 사본 1부
	• 사업자등록증 사본(미국의 경우 IRS 서류) 1부
	• 사업자 또는 법인명의 통장 사본(해외계좌 인증 서류 가능) 1부

• **비영문권 국가** : 공증받은 영문번역본 함께 제출

Q10 스마트스토어 입점방법을 알려주세요.

01 네이버 검색창에서 '스마트스토어' 검색 - [네이버 스마트스토어센터]를 클릭합니다. 스마트스토어센터에서 [가입하기]를 선택합니다.

02 [네이버 아이디로 가입하기] 선택합니다. 네이버 아이디로 가입하기를 추천하는 이유는 추후 네이버의 다양한 플랫폼과 연동을 할 때 편리합니다. 꿀팁입니다!

03 스마트스토어를 운영할 자신의 네이버 아이디로 로그인합니다. 혹시 한 번도 네이버 아이디(네이버 메일)를 만들지 않았다면 네이버 회원가입을 먼저 해주셔야 합니다.

04 [네이버 커머스 ID] 안내 창이 나오고 [전체동의]를 선택한 다음 [동의하기]를 선택합니다. 네이버 커머스 ID는 네이버에서 제공하는 다양한 커머스 서비스를 사용할 수 있도록 해주는 통합 ID입니다. 즉, 네이버의 다양한 커머스 플랫폼을 활용하기 위한 필수 절차입니다.

05 본인 휴대전화 번호 ❶ [인증]을 한 후 ❷ [약관동의] - ❸ [가입]를 선택합니다.

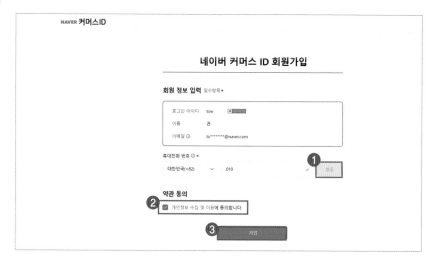

06 [네이버 커머스 ID] 회원가입이 완료되었습니다.

07 [2단계 인증 방법 설정]에서 [휴대전화 번호로 인증]을 선택하고 [인증] 후 [확인]을 차례대로 선택합니다. 실제 스마트스토어를 운영할 때 메일인증 보다 휴대전화 인증이 훨씬 편리하고 시간도 절약됩니다.

08 셀러 가입은 개인계정으로 가입하겠습니다. 사업자가 있으신 분들은 사업자로 가입이 가능하지만 제출서류가 준비되고 승인을 받아야 해서, 처음 시작은 개인셀러로 하고 나중에 사업자로 수정하시면 됩니다. ❶ [개인]을 선택하고 ❷ [다음]을 클릭합니다.

Tip: 판매자 가입 시 주의사항

1. 개인 판매자 가입 시 주의사항

① 아직 사업자등록을 하지 않으셨다면 개인 판매자로 활동이 가능합니다.

② 가입 이후 사업자등록을 하셨다면, 스마트스토어 관리자 페이지의 [판매자 정보] – [사업자 전환] 메뉴를 통해 사업자로 전환할 수 있습니다.

③ 스마트스토어 이름은 가입 후 1회 수정 가능하지만, 스마트스토어 URL은 수정할 수 없습니다. 즉, 스마트스토어 쇼핑몰 이름은 1회에 한해 변경할 수 있지만, 쇼핑몰 주소라고 말하는 URL은 절대 바꿀 수 없습니다.

2. 사업자 판매자 가입 시 주의사항

① 사업자등록을 하셨다면 사업자등록번호 인증을 통해 사업자 판매자로 가입이 가능합니다.

② 사업자로 가입할 때 가입 심사를 위한 필수 서류를 제출해주셔야 가입이 승인됩니다. 제출서류는 이미 앞서 설명해 드렸습니다.

3. 해외사업자 가입 시 주의사항

① 해외 거주 국가에 사업자 등록을 하셨다면 해외사업자로 활동이 가능합니다. 다만 때때로 특정국가 판매자의 신규가입이 잠정적으로 제한되기도 합니다. 예를 들어, 2019년 3월 21일부터 중국은행 정산 및 위조 상품 관련 이슈 때문에 중국과 홍콩의 신규판매자들의 신규가입이 안 됐던 적이 있었습니다.

② 가입 심사를 위한 필수 서류를 제출해주셔야 가입이 승인됩니다. 이에 관련한 제출서류 역시 앞서 설명해 드렸습니다.

09 ❶ [휴대전화 본인인증] 후 ❷ [다음]을 선택합니다.

10 본인인증을 성공 팝업창에서 [확인]을 선택후 메인창에서 [다음]을 선택합니다.

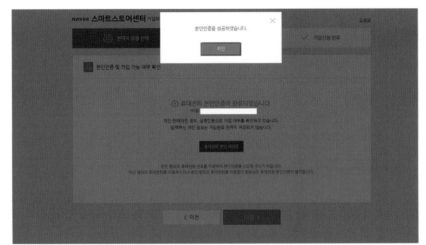

11 네이버 쇼핑에 상품을 노출하기 위해서 ❶ [네이버 쇼핑]을 활성화합니다. 그리고 네이버 톡톡과의 연동을 위해서 ❷ [네이버 톡톡]도 활성화합니다. 물론 네이버 쇼핑에 노출하지 않아도 상관없지만, 판매를 위해서 꼭 활성화하는 것이 좋습니다. 네이버 톡톡은 판매자와 구매자를 메신저로 연결해주기 때문에 CS가 가능합니다.

12 [이용 약관에 모두 동의합니다]를 체크 합니다. 참고로 [네이버 톡톡 개인정보 처리위탁 동의]와 [네이버 톡톡 홍보성 정보 수신 동의]는 선택이지만, 나중에 고객센터에서 오는 메시지나 프로모션을 위해서 모두 동의해주시는 것을 권유해 드립니다.

13 판매자 정보를 입력합니다. 노출되는 정보는 ❶ [판매자명] ❷ [연락처] ❸ [메일] ❹ [주소] 입니다. ❷ [연락처]의 경우 다음 단계에서 별도 입력하는 [고객센터 전화번호]로 구매자에게 대신하여 노출 시 킬 수 있습니다. ❹ [주소]를 등록할 때 주의할 점은 지금 등록한 주소는 구매자들에게 노출되는 것이기 때문에 신중하게 적어야 한다는 것입니다. 팁이 있다면 나중에 사업자 등록이 예상되는 사업자 주소지를 적어주시는 것이 좋습니다. 또는 별도의 사무실이나 공동 공간이 있다면 그 주소를 적습니다. 사생활 보호를 위해서 될 수 있으면 집 주소는 피하도록 합니다. 모든 정보를 입력했다면 ❺ [다음]을 선택합니다.

14 스마트스토어 정보를 입력합니다. ❶ [스마트스토어 이름] : 네이버 검색 시 검색어로도 활용되며, 가입 후 1회 수정 가능합니다. ❷ [스마트스토어 URL] : 'https://smartstore.naver.com/'뒤에 사용하실 스토어 고유의 주소입니다. 가장 중요한 것은 가입 후 수정은 불가능하므로 신중하게 생각해야 한다는 것입니다. ❸ [소개글] : 스토어 메인 화면 및 네이버 검색 결과 사이트 설명 글에 활용되며, 항시 수정 가능합니다. ❹ [고객센터 전화번호]: 고객센터 전화번호는 스토어 프로필과 하단영역에 상시 노출되며 구매자의 주문내역에 노출됩니다. 모든 정보를 입력했다면 ❺ [다음]을 선택합니다

앞에서 설명해 드렸듯이 [스마트스토어 URL]은 수정할 수 없습니다. 하지만 나중에 도메인을 구입하게 되면 그 도메인으로 주소를 설정할 수 있으므로, 만약 원하지 않은 URL 주소라도 실망할 필요가 없습니다.

예를 들어 [스마트스토어 이름]이 '리틀걸'이면 [스마트스토어 URL]도 littlegirl이라고 적고 싶습니다. 하지만 아쉽게도 이미 littlegirl을 누군가 사용하고 있어서 등록할 수 없습니다. 그러나 저는 독립 도메인 littlegirl.co.kr 을 구입하여 연동시켜 줄 것이기에 스마트스토어 URL은 큰 의미가 없습니다. 그래서 실망하지 않고 little-girl 이라고 적었습니다.

여기서 중요한 것이 그럼 내가 사용할 littlegirl 도메인을 확보해야 한다는 것입니다. littlegirl 도메인은 남아 있을까요? 도메인 구매가 가능할까요? 도메인 확인 및 구매, 연동 방법은 [Chapter 5. 스토어 관리]를 확인하시길 바랍니다.

다시 정리하자면 내가 따로 도메인을 사서 연동할 생각이라면 [스마트스토어 URL]은 큰 의미가 없습니다. 하지만 도메인을 구입해서 연동하지 않고 기존 [스마트스토어 URL]을 사용하신다면 잘 고민하셔서 적어야 합니다.

15

❶ [대표상품 카테고리] : 상품을 등록할 때 해당하는 대표 카테고리를 선택해줘야 합니다. 대표상품 카테고리가 중요한 이유는 나중에 마케팅할 때 경쟁상품과의 알고리즘 경쟁이 같은 카테고리 안에서 이뤄지기 때문입니다. 그래서 자신의 쇼핑몰(스마트스토어)의 특성을 잘 파악하여 선택해야 합니다. 대표상품 카테고리는 네이버페이, 네이버 쇼핑 가입 시 기본 등록 정보로 사용되며, 추후에 [판매자정보] - [판매자 정보]에서 변경 가능합니다.

❷ [상품 판매권한 신청] : 본인이 해외상품(구매 대행), 건강기능식품, 의료기기, 전통주 관련 상품을 판매하지 않는다면 [신청하지 않음]을 체크하시면 됩니다. 만약 본인이 위와 같은 상품을 판매한다면 [판매권한 신청]을 선택 후 별도의 약관 동의나 서류를 제출하셔야 판매가 가능합니다.

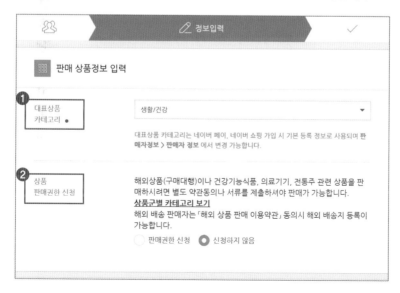

16 ❶ [출고지 이름] : 상품 출고지가 노출될 때 해당하는 이름입니다. 여기서는 그대로 [상품출고지]라고 적었습니다. ❷ [출고지 주소] : 만약 상품 출고지가 다르다면 주소를 수정하여 줍니다. 즉, 운영은 내가 하지만 상품 출고가 3자 물류(물류창고회사)라면 실제 진짜 출고되는 주소로 적어줍니다.

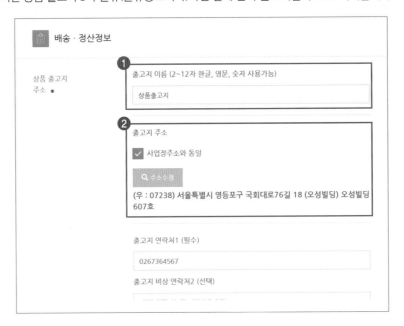

17 ❶ [반품/교환지 이름] : 반품 교환지가 노출될 때 해당하는 이름입니다.
❷ [반품/교환지 주소] : 반품을 받는 곳이 사업자 주소와 다르다면 수정하여 줍니다. 보통은 택배사와 계약이 되어 있다면 택배사 영업사무실을 적어주기도 합니다. 나중에 택배사와 계약을 한 후 수정해 주셔도 됩니다.

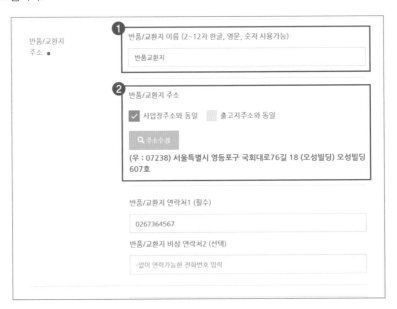

18 ❶ [정산대금 입금계좌/수령방법]에서 휴대전화로 인증한 이름과 동일한 예금주의 은행 계좌로 인증해야 합니다. 다시 말해 스마트스토어 운영자의 실제 통장을 인증해야 합니다.

19 담당자 정보를 입력하고 마지막으로 ❸ [신청 완료]를 클릭해 스마트스토어 가입을 마무리합니다. ❶ [이메일 주소 인증]이 안 되어 있다면 ❷ [인증]을 클릭합니다. 등록한 이메일에 인증번호가 전송되면, 인증번호를 복사하여 이메일 인증을 합니다.

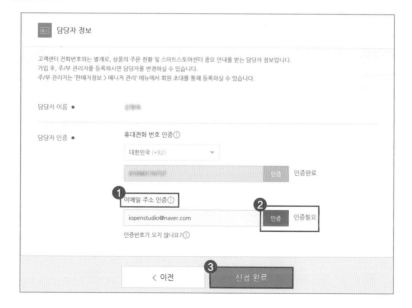

20 축하드립니다. 스마트스토어 판매자 가입이 완료되었습니다.

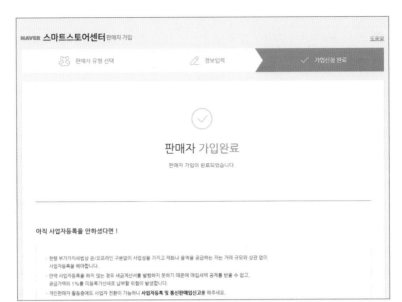

21 가입 후 바로 [스마트스토어센터]에 로그인 하시면 아래와 같이 나옵니다.

CHAPTER

02 아이템 설정

Q1 네이버 검색 광고로 아이템 찾는 방법 알려주세요.

일단 스마트스토어에서 판매할 아이템을 선택할 때 도움 되는 툴은 '네이버 검색 광고'와 '네이버 트렌드'입니다. 이 툴을 통해 내가 선택한 아이템이 얼마나 성공 가능성이 있는지 알아볼 것입니다. 이 부분은 사업 전략이나 마케팅 전략에서도 기본적인 자료로 사용되니 꼭 익혀두시길 바랍니다.

네이버 검색 광고 툴은 네이버 광고를 위한 관리자 사이트입니다. 그렇기 때문에 검색 광고 관리자에 들어가면 키워드(아이템)에 대한 검색량을 제공해 주고 있는데, 그 데이터를 활용하여 내 아이템을 사람들이 많이 찾고 있는지 아닌지를 알 수 있습니다. 네이버 검색 광고 사용법은 [Chapter 14. 네이버 검색 광고 키워드]에서 자세하게 설명되어 있습니다. 먼저 검색 광고 사용법을 공부하시길 권유 드립니다.

예를 들어, 제가 스마트스토어에 판매할 아이템은 '오피스룩' 이라고 가정하겠습니다.

01 네이버 검색 광고에 ❶ [도구] - [키워드 도구]로 들어가 ❷ [키워드]에서 '오피스룩'을 검색합니다.

02 ❶ [월간검색수]와 ❷ [월평균클릭률]를 확인합니다.

이때 [월간검색수]에서 주의할 점은 모바일을 우선으로 판단해야 한다는 것입니다. '오피스룩'은 모바일 기준 28,500건입니다. 아이템으로 나쁘지 않은 검색량입니다. 기본적으로 월간 20,000건을 넘으면 좋은 아이템으로 판단해 볼 수 있습니다. 또한 간혹 월간검색수만 확인하는 경우가 있는데, 월간검색수는 물론이고 반드시 월평균클릭률까지 확인해야 합니다. 현재 [월평균클릭률]은 11.84%입니다. 월평균클릭률은 총 검색량에서 얼마나 광고를 클릭했는지의 그 비율을 의미합니다. 그럼 어떻게 해석해야 할까요? 그렇습니다. 광고를 클릭했다는 의미는 구매할 의사가 있다고 간주할 수 있습니다. 보통 CTR(클릭률)은 1% 이상이면 평균이라고 간주합니다. 오피스룩의 월평균클릭률이 11.84%면 다른 아이템과 상대적으로 구매력 있는 수요층이 있다고 해석하시면 됩니다.

03 단, 여기서 주의할 점은 월간검색수가 적으면 의미가 없다는 것입니다. 100명 중의 1명이면 1%입니다. 다시 말해 모집단이 적으면 클릭률은 의미가 없습니다. 정리해 보면 '오피스룩'은 모바일로 28,500건 중에서 광고가 3,170건으로 월평균클릭률이 11.84% 나오므로, 검색량도 좋고 광고에 대한 수용성도 좋기에 좋은 아이템이라는 것을 확인할 수 있습니다.

Q2 네이버 트렌드로 아이템 찾는 방법을 알려주세요.

이제는 네이버 트렌드로 아이템을 분석하는 방법을 알려 드리겠습니다.

01 [네이버 트렌드] 사이트에서 키워드에 '오피스룩'과 '여성오피스룩'을 검색합니다.

02 기간은 1년으로 하고 검색을 해보면 아래와 같이 나옵니다.

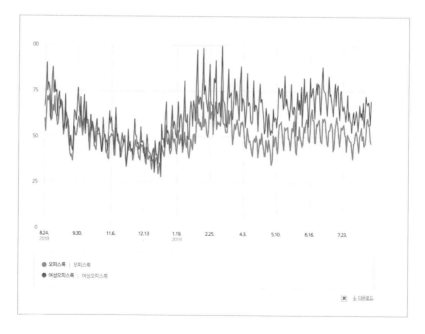

와! 1년 치의 검색 추이가 나옵니다. 중요한 것은 '네이버 트렌드'는 상댓값이라는 것입니다. 어느 한 검색어가 100을 찍었을 때를 기준으로 그 변화의 기울기를 말합니다. [여성오피스룩] 키워드가

3월 10일 최고점인 100을 찍었으니 그 기준으로 변화의 기울기가 표현된 것입니다.

중요한 건 데이터를 보고 해석하는 능력입니다. 전체적으로 오피스룩은 봄부터 많이 찾고 겨울에는 덜 찾은 것을 확인할 수 있습니다. 아무래도 봄은 새 학기 또는 채용시장이 시작하는 시즌으로 면접이 많기도 합니다. 졸업식도 예정되어 있죠. 그렇기에 오피스룩과 같은 컨셉의 패션을 잘 찾는다는 것을 알 수 있습니다.

그럼 우리는 어떻게 전략을 수립해야 할까요? 그렇습니다. '오피스룩'은 다른 시즌보다 봄에 잘 나가니 미리 소싱해 놓고 준비를 해야 한다는 것입니다. 항상 아이템이 잘 나가는 시즌이 있습니다. 물론 4계절 내내 잘나가는 아이템도 있지만, 지금 보시는 '오피스룩'은 계절을 타는 아이템이라는 것을 알 수 있습니다.

여기서 더 팁을 말씀드리겠습니다. 방금 살펴본 '네이버 트렌드'는 상대값으로, 사람들의 검색량 변화의 그래프를 알 수 있습니다. 그러다 보니 검색량이 얼마에서 그래프가 올랐다가 내려갔다 하는지를 알 수 없습니다. 그냥 한 최대치 100% 지점을 기준으로 변화의 기울기를 말합니다. 문제는 그 100%가 과연 얼마나 높은 수치인지를 모른다는 것입니다. 절댓값이 없는 것이죠. 예를 들어 검색량이 100건을 100%라고 본다면 그 변화의 기울기는 의미가 없습니다. 검색량이 겨우 100건이기 때문입니다.

그럼 이러한 문제를 어떻게 해결 할 수 있을까요? 앞서 알려드린 '네이버 검색 광고'를 활용하셔야 합니다. 네이버 검색 광고는 모바일 월평균 검색량 28,500건이라는 절댓값을 알려주기 때문입니다. 다시 말해 '네이버 검색 광고'와 '네이버 트렌드'를 적절하게 활용하셔야 의미 있는 데이터를 뽑아낼 수 있습니다.

정리하면 아이템을 과학적으로 찾는 방법은 이처럼 검색량과 검색 추이를 활용하면 됩니다. 물론 아이템을 선정하는 것은 개인적인 변수나 대외적인 변수들도 영향을 미치지만, 일단 데이터를 활용하는 방법을 알면 성공 확률이 더 높기에 꼭 알아두어야 할 팁입니다.

Tip: 국내 및 해외 시장에서의 아이템 분별법

구분	국내	해외
검색량	네이버 검색 광고	구글 키워드플래너
검색추이	네이버 트렌드	구글 트렌드

* 검색량: 내가 선택한 아이템이 소비자들이 많이 찾는 아이템일까?
* 검색추이: 많이 찾는다면 언제 찾을까? 시즌 아이템일까? 아니면 4계절 아이템일까?

Q3 아이템에 맞는 도매시장을 알려주세요.

아이템을 선정했다면 본격적으로 스마트스토어에서 팔 상품을 소싱해야 합니다. 이미 앞서 배웠지만, 대부분 도매시장에서 상품을 구매하여 소매로 파는 유통구조입니다. 그렇기에 각 아이템에 맞는 도매시장이 어디 있는지 알아야 합니다. 도매시장을 확인하시고 꼭 현장에 나가보시기를 권해 드립니다. 물론 '도매꾹'과 같은 온라인 도매시장도 존재하지만, 가격이 노출되지 않는 오프라인 도매시장에 나가서 원하는 상품을 소싱하는 것을 권장해 드립니다.

아이템 별로 적합한 도매시장 리스트

아이템	도매시장
의류	동대문(종합), 남대문 (아동복, 중장년층)
안경, 액세서리, 시계	남대문
생활용품	화곡동 도매단지, 부천 생활용품 도매단지
명함, 인쇄물	충무로역과 을지로 3가역
포장 및 박스	방산시장, 을지로
양초, 천연비누	방산시장
문구 완구	동대문 창신동, 천호동 문구도매거리
식재료	남대문, 청량리종합시장, 중부시장
타일 도기	을지로 타일도기 도매시장
미싱	을지로 미싱 특화거리
수제화, 가죽	성수동 가죽시장

CHAPTER

03 스마트스토어
세무 상식

Q1 사업자등록 없이도 판매가 가능한가요?

스마트스토어를 보면 개인 판매자와 사업자 판매자로 나뉩니다. 그런데 개인 판매자는 사업자등록이 없어도 판매를 할 수 있습니다. 이유는 사업자등록 기준이 있기 때문입니다. 정말 많은 분들이 개인 판매자와 사업자 판매자의 차이에 대해서 궁금해 하시기 때문에 정리해보겠습니다.

사업자 기준은 사업의 영속성, 그러니까 계속적이고 반복적으로 판매하는 것을 의미합니다. 예를 들어, 평소 옷에 관심이 많은 제가 예쁜 옷을 하나 사서 그것을 블로그에 올렸는데, 누군가 보고 자기에게 팔라고 댓글을 남겼습니다. 그래서 그 옷을 1회 판매를 했다면, 그런 경우는 사업자등록을 할 필요가 없습니다. 계속적이고 반복적이지 않기 때문입니다. 중고거래도 마찬가지입니다. 내가 가지고 있는 악기를 하나 판다고 무조건 사업자등록을 할 필요가 없습니다. 그런데 만약 제가 올린 옷들이 인기가 많아서 한 벌 두 벌 계속 팔리는 상황이 온다면 걱정이 되기 시작합니다. '사업자등록을 해야 하는 건가… 도대체 그 계속적이고 반복적인 기준이 뭐야?'라고 생각하게 됩니다.

핵심은 바로 여기에 있습니다. 도대체 그 계속적이고 반복적인 기준은 무엇일까요? 정답은 아직 명확하게 정해지지 않았습니다. 그래서 그동안 국세청에서는 6개월(반년) 안에 생기는 10회 이상의 판매횟수나 600만 원 이상의 매출을 '계속적이고 반복적인' 기준으로 삼아왔습니다. 다시 말하자면 내가 반년 동안 10회 이상 판매를 하거나 매출이 600만 원을 넘었다면 사업자등록을 할 대상으로 보는 것입니다. 하지만 이 관행은 공식적으로 사라졌고, 엄격하게 보면 판매소득이 생겼다면 세금이 있는 것이 맞습니다.

그럼 이제는 1회 판매를 해도 무조건 사업자등록을 해야 할까요? 그렇지 않습니다. 공식적으로 이 규정이 사라졌을 뿐이지, 실제 그 기준(6개월 안에 10회 이상이거나 매출 600만 원 이상)은 관행상 아직 존재합니다. 대표적인 예가 바로 스마트스토어 개인 판매자입니다. 개인 판매자로 가입하면 실제 사업자등록 없이 소량 판매가 가능합니다.

하지만 스마트스토어를 한다면 마음 편하게 사업자등록을 하고 하시는 것이 좋습니다. 해보면 아시겠지만, 10회 정도의 판매는 지인 판매만 해도 쉽게 넘어갑니다. 무엇보다 우리는 스마트스토어를 제대로 하려고 하므로 사업자등록은 필수라고 생각하시면 됩니다. 만약 사업자등록을 하지 않고 계속적이고 반복적으로 판매를 하면, 국세청으로 신고가 접수되어 생각지도 못한 가산세를 낼 수도 있습니다. 이를 국세청이 어떻게 아냐고요? 바로 경쟁 쇼핑몰들이 신고합니다. 이게 현실입니다. 그러니 쇼핑몰 창업을 마음먹었다면 당당하게 사업자등록을 하시면 됩니다.

Q2 개인사업자와 법인사업자의 차이는 무엇인가요?

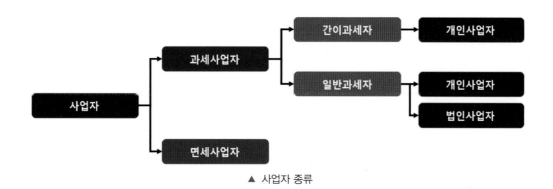

▲ 사업자 종류

사업자에 대한 법령은 사업 개시일부터 20일 이내 사업장 관할 세무서장에게 사업자등록을 신청하도록 되어 있습니다. 즉, 사업을 시작했다면 20일 이내로 사업자등록증을 신청해야 합니다. 사업자등록을 미리 내도 상관없습니다. 신청할 때 보면 사업 개시일을 적는 칸이 있는데, 그 칸에다가 개시일을 적으면 정확하게 그 날짜를 기준으로 사업자가 시작됩니다. 그런데 사업자를 내다보면 개인사업자가 있고, 법인사업자가 있는데 그 부분을 설명하겠습니다.

- **개인사업자:** 개인이 주체가 되어 사업을 진행하며, 처음 쇼핑몰을 창업한다면 대부분 개인사업자로 진행을 합니다.

- **법인사업자:** 법인이 주체가 되어 사업을 진행합니다. 회사 이름을 봤을 때 주식회사를 단 상호를 봤을 것입니다. 주식회사는 법인을 의미합니다. 여기서 법인이란 개인이 아닌 새로운 독립된 주체인 법인을 뜻합니다. 보통 쇼핑몰 창업은 법인보다 개인사업자로 시작을 합니다. 물론 처음부터 법인을 내고 해도 상관은 없습니다. 단, 세금(과세표준)이 다르므로 처음은 개인사업자가 더 유리합니다.

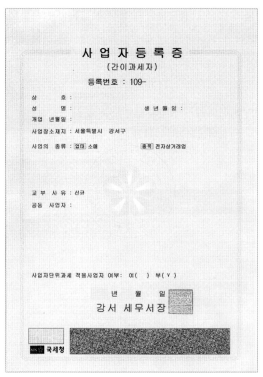

▲ 간이과세자 사업자등록증

▲ 일반과세자 사업자등록증

▲ 법인 사업자등록증

Q3 부가가치세는 무엇인가요? 사례로 설명해 주세요.

스마트스토어 관리자 페이지를 보면 [정산관리]에 [부가세신고 내역]이 있습니다. 많은 분들이 이게 뭐 하는 건지 여쭤보시는데, 부가가치세를 알면 쉽게 이해할 수 있습니다. 대부분 세무에 대한 지식이 없다 보니 어려워하시는 것입니다. 그렇기에 머리가 조금 아프겠지만 정확하게 부가가치세가 무엇인지 배워보겠습니다.

부가가치세란 의류 판매와 같은 상품(재화)의 거래나 피부 관리와 같은 서비스(용역)의 제공과정에서 얻어지는 부가가치(이윤)에 대하여 매기는 세금을 일컫습니다. 보통 사업자가 납부하는 부가가치세는 매출세액에서 매입세액을 차감하여 계산합니다. 다만 농·축·수·임산물의 판매나 교육용역 제공, 의료보건용역 제공 등 법에서 열거하고 있는 것은 예외적으로 부가가치세를 면제합니다.

그럼 부가가치세의 예를 들어 보겠습니다. 제가 도매업자에게 11,000원을 주고 바지 하나를 사 왔습니다. 원래 10,000원이지만 부가세 10%까지 해서 11,000원을 주었습니다. 그럼 돈을 받은 도매업자는 세금계산서를 저에게 발부해야 합니다. 국세청에 돈이 이렇게 오고 갔다고 신고하는 것입니다. 그럼 우리는 여기서 매입세액 1,000원이 발생했다고 말합니다. 저는 11,000원에 가져온 바지를 다시 최종소비자에게 22,000원에 팔았습니다. 소비자는 신용카드를 통해서 22,000원을 결제했습니다.

그럼 저는 물건을 팔았기에 22,000원의 10%인 2,000원은 매출세액이 됩니다.

우리나라의 부가세 계산은 매출세액에서 매입세액을 빼서 계산합니다. 즉, 2,000원(매출세액) - 1,000원(매입세액)하면 1,000원이 나옵니다. 바로 이 1,000원을 나라에 납부하게 됩니다.

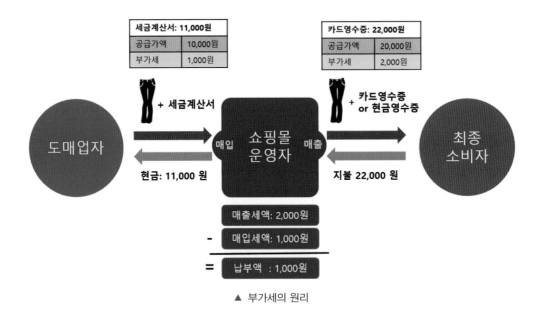

▲ 부가세의 원리

지금 영수증을 하나 펼쳐보세요. 6,000원짜리 식사 영수증을 한번 볼까요? 공급가액은 5,455원, 부가세는 545원, 이렇게 되어 있습니다. 부가세 545원은 원래 소비자가 내야 하지만 사업자가 대신 미리 떼어놓고 한꺼번에 납부합니다. 그렇기에 부가가치세 과세 대상 사업자는 상품을 판매하거나 서비스를 제공할 때 거래금액의 일정 금액을 부가가치세로 징수하여 납부해야 합니다. 다시 말하면 6,000원짜리 식사를 팔았을 때 주인아주머니가 실제 버는 돈은 6,000원이 아니라 5,455원이 됩니다. 그동안 소비자인 우리는 너무나 당연히 6,000원을 내왔지만, 그 안에는 이미 부가세가 포함되어 있어서 판매자에게는 5,455원이 매출이 되는 것입니다. 부가세는 처음부터 주인아주머니 돈이 아니라는 뜻입니다.

여러분은 이제 마인드를 바꾸셔야 합니다. 여러분은 이제는 소비자가 아니라 판매자입니다. 이제는 판매자 마인드로 바꾸어야 합니다. 10,000원짜리 옷을 팔았다고 하면 대부분 10,000원이 매출이라고 보시는데, 사실은 9,091원이 실제 매출이 되고, 909원은 여러분의 돈이 아닙니다. 그러니 실제로 약 9,091원을 번 것입니다. 처음 사업하시는 분들이 이것 때문에 매우 힘들어합니다. 일은 열심히 하는데 남는 게 없다고 하십니다. 그렇기에 처음부터 부가세를 고려하여 물건값을 책정해야 남는 장사를 할 수 있습니다.

Q4 간이과세자와 일반과세자의 차이는 무엇인가요? - 부가가치세의 종류

간이과세자와 일반과세자의 차이

	간이과세자	일반과세자
기준금액(직전 연도)	1년간의 매출액 8,000만원 미만 (2024년 7월 1일부터 1억400만원 미만으로 개정)	1년간의 매출액 8,000만원 이상 (2024년 7월 1일부터 1억400만원 이상으로 개정)
창업시 차이	주로 소비자를 상대하는 업종으로서 연간 매출액이 8천만원(과세유흥장소 및 부동산임대업 사업자는 4천8백만원)에 미달할 것으로 예상되는 소규모사업자의 경우에는 간이과세자로 등록하는 것이 유리	연간 매출액이 8천만원 이상으로 예상되거나, 간이과세가 배제되는 업종 또는 지역에서 사업을 하고자 하는 경우에는 일반과세자로 등록하여야 함
납부의무 면제 기준금액	1년간의 매출액(해당연도) 4,800만원 미만. (1년간의 매출액이 4,800만원 미만이면 부가가치세가 없다. 주의할 점은 세금이 면제되는 것이지 부가세 신고를 안 해야 한다는 것이 아니다. 부가세 신고는 꼭 해야 한다.)	없음
세액계산	(매출액×업종별 부가가치율×10%) - 공제세액 = 납부세액 ※ 공제세액 = 매입액(공급대가) × 0.5% ※ 업종별 부가가치율 (2021.7.1 이후) 1. 소매업, 재생용 재료수집 및 판매업, 음식점업 (15%) 2. 제조업, 농업·임업 및 어업, 소화물 전문 운송업 (20%) 3. 숙박업 (25%) 4. 건설업, 운수 및 창고업(소화물 전문 운송업은 제외), 정보통신업 (30%) 5. 금융 및 보험 관련 서비스업, 전문·과학 및 기술서비스업(인물사진 및 행사용 영상 촬영업은 제외), 사업시설관리, 사업지원 및 임대 서비스업, 부동산 관련 서비스업, 부동산임대업 (40%) 6. 그 밖의 서비스업 (30%)	매출세액(매출액의 10%) - 매입세액 = 납부세액 ※ 업종 부가가치율 ● 모든 업종 (10%)
매입세액 공제	간이과세자는 1.5%~4%의 낮은 세율이 적용되지만, 매입액(공급대가)의 0.5%만 공제받을 수 있다	일반과세자는 10%의 세율이 적용되는 반면, 물건 등을 구입하면서 받은 매입세금계산서상의 세액을 전액 공제받을 수 있다
세금계산서 발급 여부	• 신규사업자 : 발급불가 • 직전 연도 4천8백만원 미만 : 발급불가 • 직전 연도 4천8백만원 이상 : 발급가능	세금계산서를 발급할 수 있다
부가세 환급	• 직전 연도 4천8백만원 미만 : 환급불가 • 직전 연도 4천8백만원 이상 : 환급가능	환급가능
소득세 구별	많이 착각하는 부분이 소득세이다. 간이과세자와 일반과세자는 부가가치세의 기준으로 나누는 것이지 소득세로 나누지 않는다. 즉, 소득세는 간이과세자와 일반과세자에 대해 차이를 두지 않는다.	

간이과세자와 일반과세자의 차이를 구체적으로 설명하겠습니다.

1. 연매출

한해, 예상되는 매출이 8,000 만원 미만이라면 간이과세자로 신청하실 수 있습니다.(2024년 7월 1일 부터 1억400만원 미만으로 개정)

세법개정으로 간이과세에 대한 오해들이 많이 생겼습니다. 간단하게 정리하면, 간이과세자는 이제는 두 부류로 나뉘었다고 생각하시면 이해가 빠릅니다.

즉, 세금계산서를 발급할 수 있는 연매출 4,800만원 이상인 간이과세자와, 세금계산서를 발급할 수 없는 연매출 4,800만원 미만인 간이과세자로 구분하시면 됩니다.

2. 세금이 다릅니다.

세액계산 구조가 달라서 내야 할 세금이 다릅니다. 간이과세자가 부가세를 훨씬 적게 냅니다.

간이과세자와 일반과세자의 세액계산 차이

구분	기준금액	세액계산
일반과세자	1년간 매출액 8,000만원 이상	매출세액(매출액의 10%) – 매입세액 = 납부세액
간이과세자	1년간 매출액 8,000만원 미만	(매출액×업종별 부가가치율×10%) – 공제세액 = 납부세액 ※ 공제세액 = 매입액(공급대가) × 0.5%

3. 간이과세자 중 매출액 4800만원 미만 사업자는 세금계산서를 발행하지 못합니다.

세금계산서요? 세금계산서는 사업자가 재화 또는 서비스를 제공하고 부가가치세를 받을 때 이를 증명하는 서류라고 보시면 됩니다.

다시 말하면 세수를 투명하게 하고자 하는 제도입니다. 그런데 간이과세자 중 매출액이 4800만원 미만인 분들은 부가세 계산구조가 다르기에 세금계산서를 발행할 수 없습니다. 이런 이유로 대부분의 기업들은 간이과세자들과 거래하는 것을 꺼립니다. 매입공제를 받을 수 없기 때문이죠. 물론 세법이 개정되면서 4,800만원 이상인 간이과세자들에게 받은 신용카드매출전표와 현금영수증은 매입세액 공제가 가능해졌습니다. 하지만 4,800만원 미만인 간이과세자에게서 받은 것은 여전히 매입공제가 안됩니다. 즉, 상대기업은 재화나 용역 거래가 되었다는 것을 증명하려고 세금계산서를 요구하게 되는데, 간이과세자들(4800만원 미만)은 세금계산서를 발급해 줄 수 없으니 거래가 이뤄지지 않게 됩니다.

전자세금계산서				승인번호			

공급자	등록번호	570-		종사업장번호		공급받는자	등록번호		종사업장번호	
	상호(법인명)	주식회사 프로피알	성명	권혁중			상호(법인명)		성명	
	사업장	서울특별시					사업장			
	업태	서비스	종목	경영관련홍보서비스(PR)			업태		종목	
	이메일	pr@propr.co.kr					이메일			
							이메일			

작성일자	공급가액	세액	수정사유
	18,000,000	1,800,000	
비고			

월	일	품목	규격	수량	단가	공급가액	세액	비고
			1	1	18,000,000	18,000,000	1,800,000	

합계금액	현금	수표	어음	외상미수금	이 금액을 (청구) 함
19,800,000					

본 인쇄물은 국세청 홈택스(www.hometax.go.kr)에서 발급 또는 전송 입력된 전자(세금)계산서 입니다.
Hometax. 발급사실 확인은 상기 홈페이지의 "조회/발급>전자세금계산서>제3자 발급사실 조회"를 이용하시기 바랍니다.

▲ 전자세금계산서

예를 들어, 저를 일반과세자로 놓고 A라는 기업과 거래하는 상황을 가정해 보겠습니다. 물건 가격은 100만 원입니다. A 기업이 물건 가격인 100만원에 부가세 10만원 까지 계산해서 카드로 총 110만원을 결제했습니다. 그럼 A 기업은 매입세액이 10만원으로 이 10만원을 공제받을 수 있습니다. 하지만 제가 4800원 미만 간이과세자라면 매입공제가 되지 않습니다. 그렇다면 A기업은 물건을 100만원이 아닌 110만원을 주고 산 것이 됩니다.

A 기업이 대단한 편의를 봐주지 않는 이상, 이와 같은 이유로 웬만해서는 간이과세자와 거래하지 않으려고 할 것입니다. 이왕이면 매입세액공제를 받는 것이 이득이기 때문입니다.

B2B가 필요한 쇼핑몰 운영자에게는 이 문제가 큰 골칫거리입니다. 부가세 부담으로 인해 일단 간이로 시작하고 싶은데 사업 모델이 B2B이다 보니 어쩔 수 없이 세금계산서 발행 문제로 일반과세로 시작하는 경우가 있습니다. 아니면 간이과세로 시작하시다가 세금계산서 문제로 일반과세자로 변경하시는 경우도 있습니다. 이런 것을 '간이과세자 포기제도'라고 하는데, 부가가치세법 70조 2항에 명시되어 있습니다. 만약 간이에서 일반으로 바꿔야 할 일 있다면 일반과세자의 규정을 받아야 하는 전달 마지막 날까지 납세자의 관할 세무서에 가서 간이과세자 포기신고를 해야 합니다.

그렇기에 처음 사업 시작할 때 본인 사업모델이 B2B 라면 처음부터 일반과세자로 시작하는 것이 좋습니다.

1. 이미 일반과세자 사업자등록증이 있는 경우

이미 일반과세자 사업자등록증이 있는데 간이과세자 사업자를 더 내고 싶을 경우가 있습니다. 그런 경우는 간이과세자를 신청하지 못합니다. 나라에서는 이미 일반과세자가 있는 경우 그만한 능력이 있다고 보기 때문입니다.

2. 사업이 광업이나 제조업 또는 도매업일 경우

사업자 등록증을 내러 가서 제조업을 한다고 하면 간이과세자로 신고를 할 수 없습니다. 하지만 예외적으로 가능할 때가 있는데, 바로 공급하는 재화의 50% 이상을 중간 유통상이 아닌 최종소비자에게 판매하는 경우입니다.

예를 들어 핸드메이드 가방을 만드는 대표님이 사업자등록을 내러 가면 상품의 제조를 하시니까 제조업으로 신고를 하게 됩니다. 그런데 여기서 억울한 부분은 나는 처음 시작하니까 간이과세자로 시작하고 싶은데 제조업이라는 이유로 일반과세자 사업등록으로 된다는 것입니다. 하지만 이럴 때 '핸드메이드'라는 사실을 말씀하시면 됩니다. 즉, 상품을 제조해서 중간 유통업자에게 파는 것이 아니라 50% 이상을 최종소비자에게 직접파는 물건이라면 간이과세자로 등록할 수 있습니다.

> **제조업 중 간이과세가 가능한 업종**
> - 과자점업, 도정업 · 떡류 제조업 중 떡 방앗간
> - 양복 · 양장 · 양화점업
> - 자기가 공급하는 재화의 50/100 이상을 최종소비자에게 공급하는 사업으로서 국세청장이 지정한 것
>
> 〈국세청 고시 제2012-47호(2012. 8. 24)〉

3. 부동산매매업이나 개별소비세 과세 유흥장소를 경영하는 사업, 전문직 사업서비스업 등은 간이과세자 신청이 불가능합니다.

4. 일반과세자의 사업을 양수하여 사업하는 것도 안 됩니다.

즉, 일반과세자의 사업을 포괄하여 물려받았을 때 간이로 새로 신청할 수 없습니다.

Q5 부가세 신고 기간과 과세기간은 어떻게 되나요?

개인사업 중 일반과세자는 1기(매년 1~6월), 2기(매년 7~12월)로 나누어 신고합니다. 1월부터 6월까지의 부가세는 7월 25일까지 신고 납부하고, 7월부터 12월까지의 부가세를 다음 해 1월 25일까지 납부하게 됩니다. 반면에 법인은 1년에 4번을 합니다. 다음 표를 참고하시길 바랍니다.

일반과세자 부가세 신고

과세기간	과세대상기간		신고납부기간	신고대상자
제1기 1.1~6.30	예정신고	1.1~3.31	4.1~4.25	법인사업자
	확정신고	1.1~6.30	7.1~7.25	법인·개인일반 사업자
제2기 7.1~12.31	예정신고	7.1~9.30	10.1~10.25	법인사업자
	확정신고	7.1~12.31	다음해 1.1~1.25	법인·개인일반 사업자

그럼 쇼핑몰을 창업할 때 가장 많이 신청하는 간이과세자는 어떻게 될까요? 간이과세자는 1년에 1번 신고를 합니다. 자세한 내용은 다음 표를 참고하시길 바랍니다.

간이과세자 부가세 신고

과세기간	신고납부기간	신고대상자
1.1~12.31	다음해 1.1~1.25	개인 간이사업자

Q6 스마트스토어 운영자가 알아야 할 세무 일정을 알려주세요. - 1인 개인사업자 경우

1인 개인사업자가 혼자서 세금 신고를 한다는 가정 하에 꼭 기억해야 할 세무 일정입니다. 1인 사업자가 아닌 다른 근로자가 있다면 간이든 일반이든 세무사 사무소에 세무대행을 맡기시는 것이 올바른 판단입니다. 그래도 기본적으로 쇼핑몰 오너가 세무 일정을 아는 것은 중요하므로 정리해 드리겠습니다.

간이과세자는 특히 1월과 5월은 신경을 쓰셔야 합니다. 꼭 스스로 신고 및 납부를 해야 합니다. 그리고 일반과세자는 1월과 5월 그리고 7월을 신경 쓰셔야 합니다. 마찬가지로 스스로 신고하시고 납부를 하셔야 합니다. 그 외의 나머지 달은 부가세 예정 고지 및 소득세 중간예납 부분으로, 국세청에서 세금을 납부하라고 고지서가 온다면 그때 가서 고지서를 가지고 납부를 하시면 됩니다. 기준에 못 미치는 경우라면 고지서가 오지 않습니다.

주요 세무일정

마감기간	간이과세자	일반과세자
1월 25일	전년도 부가가치세 확정 신고 및 납부 (1년치)	전년도 2기 부가가치세 확정신고 및 납부 (하반기)
4월 25일		1기 부가가치세 예정고지납부
5월 말	전년도 사업실적에 대한 종합소득세 신고 및 납부	전년도 사업실적에 대한 종합소득세 신고 및 납부
7월 25일	부과가치세 예정고지 및 납부	1기 부가가치세 확정 신고 및 납부
10월 25일		2기 부가가치세 예정고지납부
11월 말	종합소득세 중간예납	종합소득세 중간예납

CHAPTER 04 사업자등록 신청하기

> **Q1** 사업자등록에 필요한 서류를 알려주세요.

모든 사업자는 사업을 시작할 때 반드시 사업자등록을 해야 합니다. 그 사업자의 기준은 앞서 설명해 드렸습니다. 사업자등록은 사업장마다 하여야 하며, 사업 개시일로부터 20일 이내에 아래의 구비서류를 갖추어 사업장 관할세무서장에게 신청하면 됩니다.

- 사업자등록신청서 1부 (세무서 가면 있고, 아니면 인터넷으로 가능)
- (허가를 받거나 등록 또는 신고를 하여야 하는 사업의 경우) 사업허가증·등록증 또는 신고필증 사본 1부
- (허가 전에 등록하고자 하는 경우) 사업허가신청서 사본이나 사업계획서
- (사업장을 임차한 경우) 임대차계약서 사본 1부
- (2인 이상 공동으로 사업을 하는 경우) 동업계약서 등 공동사업을 증명할 수 있는 서류
  (사업자등록은 공동사업자 중 1인을 대표로 하여 신청)
- (상가건물임대차보호법이 적용되는 건물의 일부를 임차한 경우) 도면 1부
- (금지급 매업, 과세 유흥장소 영위자, 연료 판매업, 재생용 재료수집·판매업의 경우) 자금출처 명세서 1부

서류를 보니 뭔가 많이 준비해야 할 것처럼 보이지만, 위 내용은 모든 사업자 유형에 해당하는 것입니다. 스마트스토어(쇼핑몰) 운영을 위해서라면 아래의 서류만 준비하시면 됩니다.

- 주민등록증
- 임대차계약서 (사업장이 집 주소일 경우 필요 없음)
- 공인인증서(홈택스를 통해 사업자 등록할 경우만 필요)

사업자등록신청서는 세무서에 이미 있으며 요즘에는 세무서에 있는 단말기로 대체되고 있습니다. 그리고 음식이나 책 등과 같이 허가가 필요한 경우는 관할 구청에서 먼저 신고를 하셔야 합니다.

먼저 홈택스에서 사업자등록을 하려고 한다면 공인인증서가 필요합니다. 세무서에 가면 본인 확인이 되지만, 홈택스는 인터넷으로 업무를 처리하기 때문에 공인인증서가 필요합니다. 그래서 홈택스에서 사업자 신청을 할 경우 공인인증서를 꼭 은행에서 미리 만들어 준비하셔야 합니다. 이런 경우도 있었습니다. 사업자등록을 꼭 오늘 날짜에 내야 하는데, 공인인증서가 없어서 부랴부랴 은행 갔다가 다시 세무서로 이동하시는 분들도 많이 봤습니다. 공인인증서를 발급받고 다시 인터넷뱅킹에 접속하여 등록해야 하니, 미리미리 신청하셔서 준비해 놓으셔야 합니다. 이렇게 서류가 준비되면 홈택스에서 사업자등록증을 내시면 됩니다. 이제부터 홈택스로 사업자등록증 신청하는 방법을 알려드리겠습니다.

01 홈택스에 접속하여 ❶ [회원가입] 후 ❷ [공인인증서 등록]하고 ❸ [공인인증서 로그인]을 합니다. 첫 가입자는 대부분 공인인증서가 등록이 안 되어 있습니다. 만약 공인인증서 등록이 안 되어 있으면 바로 등록을 하셔야 합니다.

02 ❶ [신청/제출]을 클릭하여 ❷ [사업자등록 신청/정정]을 클릭합니다.

03 ❶ [사업자등록신청(개인)]을 클릭합니다.

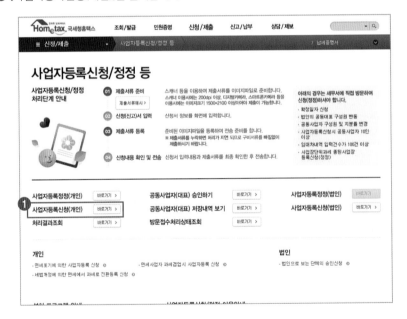

04 사업자등록증 신청서를 작성합니다. 세무서에 직접 방문하시면 단말기나 종이에 적어서 내는데, 웬만하면 상세하게 적는 것이 좋습니다.

❶ [상호명] : 사업자등록증에 나올 상호입니다.

❷ [기본주소] : 만약 집 주소로 간이사업자를 낸다면 집 주소를 입력하고, 사업장을 임대했다면 임대한 사무소 주소를 입력합니다. ❸ [업종 입력/수정]을 클릭합니다.

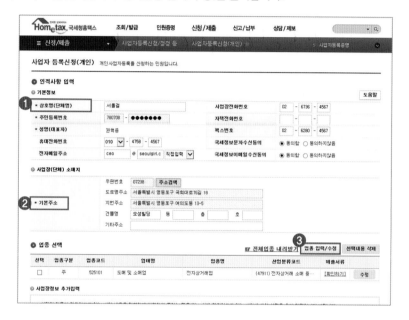

05 업종코드 ❶ [검색]을 클릭합니다.

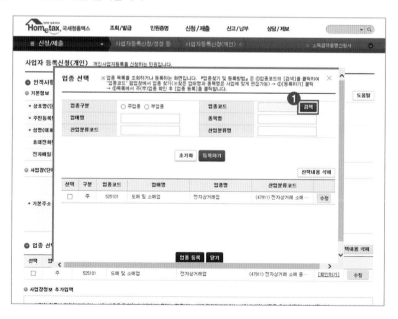

06 ❶ [525101]를 입력하고 ❷ [조회하기]를 클릭합니다. 그다음 ❸ 해당 업종을 더블클릭하여 원하는 산업 종류를 선택한 후 업종을 등록합니다.

이 업종코드(525101)는 전자상거래업 단순경비율 업종코드로, 온라인 쇼핑몰처럼 온라인에서 소매를 중심으로 사업하는 분들에게 맞는 업종코드입니다. 대부분 쇼핑몰을 위한 전자상거래업은 이 업종코드로 주어집니다.

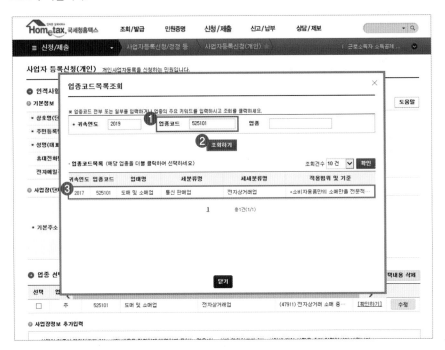

07 사업장 정보를 입력합니다.

❶ [개업일자]는 실제 사업이 시작하는 날을 의미합니다. 즉, 신청일은 오늘이지만 사업 개시일은 일주일 후라도 상관없습니다. 오늘부터 사업자 개업을 하고 싶다면 오늘 날짜를 적으면 됩니다. ❷ [임대차내역 입력]는 사업장의 내용입니다. 만약 내가 사는 집 주소로 사업자를 등록한다면 [본인소유]를 선택하시고, 타인 소유를 임대하여 사용하는 경우는 [타인소유]를 선택합니다. 평수도 계산하여 적어 넣습니다. 보통 방 한 칸 정도도 괜찮습니다. ❸ [공동사업자 정보입력]은 공동사업자가 없으면 [없음]으로 체크합니다. ❹ [사업자유형] : [간이]로 체크합니다. ❺ [인허가사업여부] : [부]로 체크합니다. 만약 내가 인허가를 받아야 하는 업종이라면 [여]에 체크하시고 서류를 제출할 때 같이 업로드 해주셔야 합니다. ❻ [의제주류면허신청] : [없음] 체크합니다.

08

① 선택사항을 입력합니다. 이때 해당 사항만 체크하시면 되는데, 쇼핑몰이기에 건드릴 것이 없습니다.

② [사이버몰] 정도는 해주셔도 되지만 대부분 아직 쇼핑몰을 만들지 않았기에 넘어가셔도 됩니다.

③ [서류 송달장소]는 국세청에서 사업자에게 고지할 내용이 있으면 우편으로 보내는데, 그걸 받을 주소를 적어달라는 의미입니다. 이 부분이 매우 중요합니다. 국세청에서 세금 문제로 우편을 자주 보내는데, 혹시 사업자 주소지가 아닌 다른 주소를 받고 싶으면 그 주소를 입력해야 합니다. 정확하게 적어야 혹시나 모를 서류누락을 피할 수 있습니다. 사업장 주소지로 받고 싶으면 그대로 안 적으셔도 됩니다.

④ [저장후다음]을 클릭합니다.

❶ [제출서류 선택]이 나오면 서류를 첨부합니다. 첨부 가능한 파일 형식은 PDF 파일, 이미지 파일(JPG, PNG, GIF, TIF, BMP)입니다. 주의할 점은 이미지 파일인 경우 꼭 [파일변환]을 클릭해야 합니다. 본인 집주소로 간이과세자를 선택한 경우는 업로드 할 서류가 없으므로 ❷ [다음]을 선택하시면 되고, 만약 임대차를 하셨거나 인허가업종이라면 관련 서류를 업로드 해주시면 됩니다.

안내에 따라 [확인]을 누르면 사업자등록신청이 완료됩니다. 3일 정도 기다리시면 사업자등록 여부에 대한 안내 문자나 메일이 옵니다. 중요한 것은 반드시 사업자등록증 원본을 수령하러 세무서에 방문하는 것입니다. 가시면 노란색 종이의 사업자등록증 원본을 발급받을 수 있습니다. 홈텍스에서도 출력할 수 있으나, 향후 원본이 필요할 수 있으니 세무서에 꼭 방문하셔서 원본을 받길 권유합니다.

해보시니까 어떠신가요? 수많은 교육생님들이 이렇게 사업자등록을 신청하고 사업을 하여 성공하셨습니다. 여러분도 충분히 할 수 있습니다.

Q3 통신판매업 신고는 어디서 하나요? 비용은요?

통신판매업이란 전자상거래업을 하시는 분들이라면 필수적으로 신고해야 합니다. 통신판매업은 세무서가 아닌 사업자를 낸 관할 지역 시·군·구청 일자리경제과(지역마다 명칭은 다릅니다)를 방문하거나 인터넷으로는 정부24에서 가능합니다. 주의할 점은 여기서 말하는 주소지는 집 주소지가 아닌 사업자등록증에 나온 관할 행정 지역이라는 것입니다. 예를 들어 서울시 영등포구에 사업장이 있다면, 영등포구청 일자리경제과를 찾아서 통신판매업을 신고하면 됩니다. 준비할 서류는 사업자등록증, 구매안전서비스 이용 확인증, 통산판매업신고서입니다. 이때 반드시 '구매안전서비스 이용 확인증'을 확인해야 합니다.

통신판매업 등록면허세(비용)은 간이과세자, 일반과세자 모두 1년에 약 40,500원(서울시 기준)의 비용이 듭니다. 과거 간이과세자는 과세 제외대상이었지만 세법 개정으로 2020년 1월부터 부과 대상으로 변경되었습니다. 그렇기에 간이과세자도 일반과세자와 마찬가지로 면허세를 납부해야 합니다. 비용은 지역에 따라 다릅니다. 간단하게 표로 정리해 드리겠습니다.

통신판매업 면허세 정리

구분	제3종 면허세 (통신판매업)
인구 50만 이상 시 및 자치구 아닌 구가 설치된 시	40,500원
그 밖의 시	22,500원
군	12,000원

통신판매업 신고 정리

등록	사업자등록 기준 관할 시 · 군 · 구청 일자리경제과		
서류	사업자등록증, 구매안전서비스 이용 확인증, 통신판매업신고서		
	구매안전서비스 이용 확인증	자사몰(전문몰)만 운영할 경우	금융권에서 발급
		오픈 마켓만 운영할 경우	오픈 마켓 한군데서 발급
		자사몰, 오픈 마켓 둘 다 하는 경우	금융권, 오픈 마켓 각각 발급
비용(등록면허세) *서울시 기준	간이과세자	40,500원 (2020년 1월부터)	
	일반과세자	40,500원	

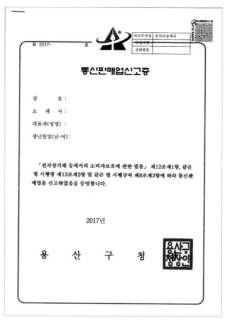

▲ 통신판매업신고증

Q4 구매안전서비스 이용 확인증 발급방법을 알려주세요.

구매안전서비스 이용 확인증이 필요한 이유는 통신판매업 신고를 할 때 필수서류이기 때문입니다. 스마트스토어 '구매안전서비스 이용 확인증'은 사업자 전환 신청을 완료하시면 [판매자정보] - [판매자 정보]에서 출력하실 수 있습니다. 사업자 전환은 [판매자정보] - [사업자 전환]에서 가능합니다.

많은 분들이 헷갈리시는데, 사업자 등록할 때 통신판매업 신고는 필수가 아닙니다. 그렇기 때문에 먼저 스마트스토어에서 사업자 전환이 가능합니다. 사업자 전환을 하고 [판매자 정보]를 보면 그때 [구매안전서비스 이용 확인증]이 출력 가능합니다. 구매안전서비스 이용 확인증을 가지고 통신판매업 신고를 하시면 됩니다.

구매안전서비스 이용 확인증

1. 상   호 :
2. 소   재   지 :

3. 대표자의 성명   :
4. 사업자 등록번호 :

위의 사업자가 『전자상거래 등에서의 소비자보호에 관한 법률』 제13조 제2항 제10호에 따른 결제대금예치 또는 법 제24조 제1항 각호에 따른 소비자피해보상 보험계약 등을 체결하였음을 다음과 같이 증명합니다.

1. 서비스 제공자 : 네이버 주식회사
2. 서비스 이용기간 : 2019년 08월 25일(서비스 이용신청일)
3. 서비스 제공조건 : 스마트스토어센터 판매이용약관 및 전자금융거래 이용약관에 따름
4. 서비스 등록번호 :
5. 서비스 이용확인 연락처 :
6. 호스트 서버 소재지 : 경기도 성남시 분당구 야탑동 343번지 2호 KT-IDC 5층

2019년 08월 25일

네이버 주식회사

▲ 스마트스토어 구매안전서비스 이용 확인증

금융권에서 발급받을 때는 여러분이 은행에서 통장을 만들고 인터넷뱅킹을 신청할 때 에스크로 서비스를 같이 신청하시면 자연적으로 발급이 가능합니다. 예를 들어 국민은행이라면 에스크로 서비

스를 은행 창구에서 신청하고, 집에 와서 인터넷 뱅킹에 접속하여 바로 에스크로 서비스 메뉴를 찾아가면 구매안전서비스 이용 확인증 다운로드가 가능합니다. 현재 금융권은 국민은행, 기업은행, 농협에서만 발급이 가능합니다.

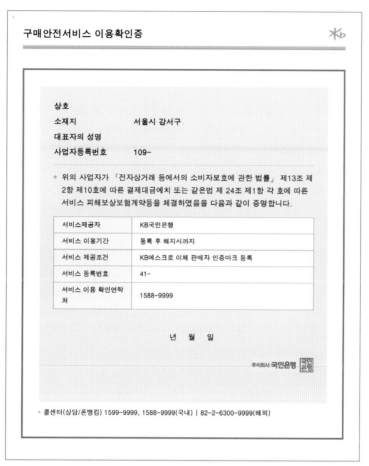

▲ 금융권 구매안전서비스 이용 확인증

Q5 통신판매업 신고는 꼭 해야 하나요?

통신판매업 신고는 전자상거래업 즉, 인터넷에서 상거래를 하시는 분들이라면 꼭 하셔야 합니다. 그게 법이고 제도입니다. 나라에서는 공정한 거래를 위해서 통신판매업 신고 제도를 두면서 인터넷상으로 상거래가 이루어지는 것을 관리하고 있습니다. 그래서 인터넷에서 상품을 판매하려면 통신판매업 신고를 필수적으로 해야 합니다. 다시 말해, 내가 개인 쇼핑몰을 열지 않아도 블로그나 SNS에서 지속적이고 반복적인 거래를 하고 있다면 그것은 전자상거래에 해당하므로 사업자신고도 하고, 통신판매업 신고도 해야 합니다. 만약 통신판매업을 신고하지 않을 경우, 법에 따라 3천만원 이하의

벌금을 내야 합니다.

단, 면제기준이 있습니다. 2020년 7월에 법이 개정되었는데 많이들 이 부분을 모르고 있습니다. 심지어 강사들마저도 잘못 가르치는 경우가 많습니다. 그래서 명확하게 개정된 법 조항을 살펴봅니다.

통신판매업 신고 면제 기준에 대한 고시

[시행 2020. 7. 29.] [공정거래위원회고시 제2020-11호, 2020. 7. 29., 일부개정]

공정거래위원회(전자거래과), 044-200-4448

☐ **제1조(목적)** 이 고시는 「전자상거래 등에서의 소비자보호에 관한 법률」(이하 "법"이라 한다) 제12조제1항에 따라 통신판매업 신고 면제 기준에 관한 사항을 정하는 데에 그 목적이 있다.

☐ **제2조(통신판매업 신고 면제 기준)** ① 다음 각 호의 하나에 해당하는 통신판매업자는 법 제12조제1항에 따른 통신판매업 신고를 아니할 수 있다.
　1. 직전년도 동안 통신판매의 거래횟수가 50회 미만인 경우
　2. 「부가가치세법」 제2조제4호의 간이과세자인 경우
② 청약철회 등의 경우에는 제1항의 통신판매의 거래횟수에 산입하지 아니한다.

면제기준은

---

1. 직전년도 동안 통신판매의 거래횟수가 50회 미만인 경우
2. 「부가가치세법」 제2조제4호의 간이과세자인 경우

입니다.

즉, 직전년도 거래횟수가 50회 미만인 경우 또는 간이과세자인 경우 통신판매업 신고가 면제됩니다. 하지만 현실적으로 간이과세자가 통신판매업 신고를 하는 이유는 많은 오픈마켓에서 간이과세자라도 '통신판매업신고증'을 요구하고 있기 때문입니다. 다시 말해 통신판매업을 하지 않으면 오픈마켓에 가입이 안 되니 어쩔 수 없이 등록하고 있습니다.

자! 그럼 아직도 실무에서 헷갈리시는 분들이 많기에 명확하게 정리해보겠습니다.

① 통신판매업 신고는 온라인 사업을 하려는 사람에게는 의무이다.

② 단, 직전년도 동안 통신판매의 거래횟수가 50회 미만인 경우 또는 간이과세자인 경우는 면제이다.

③ 하지만, 현실적으로 오픈마켓에서 간이과세자라도 통신판매신고증을 요구하고 있기에 어쩔 수 없이 통신판매신고를 해야 한다.

④ 비용은 일반과세자, 간이과세자 동일하게 40,500원(대도시기준) 이다.

⑤ 신고는 사업자등록증 주소 기준 시,군,구청에서 한다.

Q6 에스크로 서비스는 무엇이고, 어떻게 신청하나요?

에스크로 서비스는 간단하게 사기방지 기술이라고 보시면 됩니다. 예를 들어 보겠습니다. 사기꾼 A는 소비자 B에게 현금거래로 카메라를 팔았습니다. 사기꾼 A는 송장 번호까지 보내면서 소비자를 안심시키고 통장으로 현금을 받았습니다. 하지만 소비자 B가 얼마 후 택배를 받았더니 벽돌이 들어 있었습니다. 사기를 당한 것이죠. 다시 전화를 걸어보지만, 사기꾼 A는 이미 사라지고 난 뒤였습니다. 분명 송장 번호를 받았기에 안심을 했을 테지만, 사실 송장 번호는 택배 번호였을 뿐 그 안의 내용물까지 확인할 수 있는 것이 아닙니다. 그럼 이런 경우 어떻게 해야 할까요?

바로 '에스크로'라는 서비스가 있습니다. 에스크로 서비스란 소비자 B가 물건을 받고 확인하기 전까지 판매자 A에게 돈이 지급되지 않는 안심 거래 서비스입니다. 다시 말하면 에스크로 서비스를 지원하는 금융회사가 중간에 돈을 잡고 있다가, 거래가 성공적으로 이뤄지면 그때 판매자에게 입금하는 방식입니다. 전자상거래에서 보편적으로 쓰이는 방법이지만, 아직 귀찮다는 이유로 많은 분들이 외면하고 있습니다. 보통 쇼핑몰 마케팅 중에서 소비자에게 신뢰를 얻는 방법이 몇 가지 전략이 있는데, 이중 하나가 에스크로 서비스 지원 사실을 홈페이지 전면에 넣어서 소비자에게 좋은 이미지를 얻는 것입니다.

그럼 에스크로 서비스는 어떻게 신청할까요? 여러분이 사업자 통장을 만들 때 같이 신청하시면 됩니다. 예를 들어 국민은행에서 통장을 만들고 인터넷뱅킹을 신청하실 때, 에스크로 서비스까지 같이 신청하시면 간단하게 가입할 수 있습니다. 은행에서는 국민은행, 기업은행, 농협은행만 가능합니다. 과거에는 다른 은행도 가능했지만, 현재는 세 곳밖에 되지 않습니다. 즉, 은행 경영 상황에 따라 달라질 수 있으니 꼭 미리 직접 전화를 걸어 확인하고 방문해야 합니다.

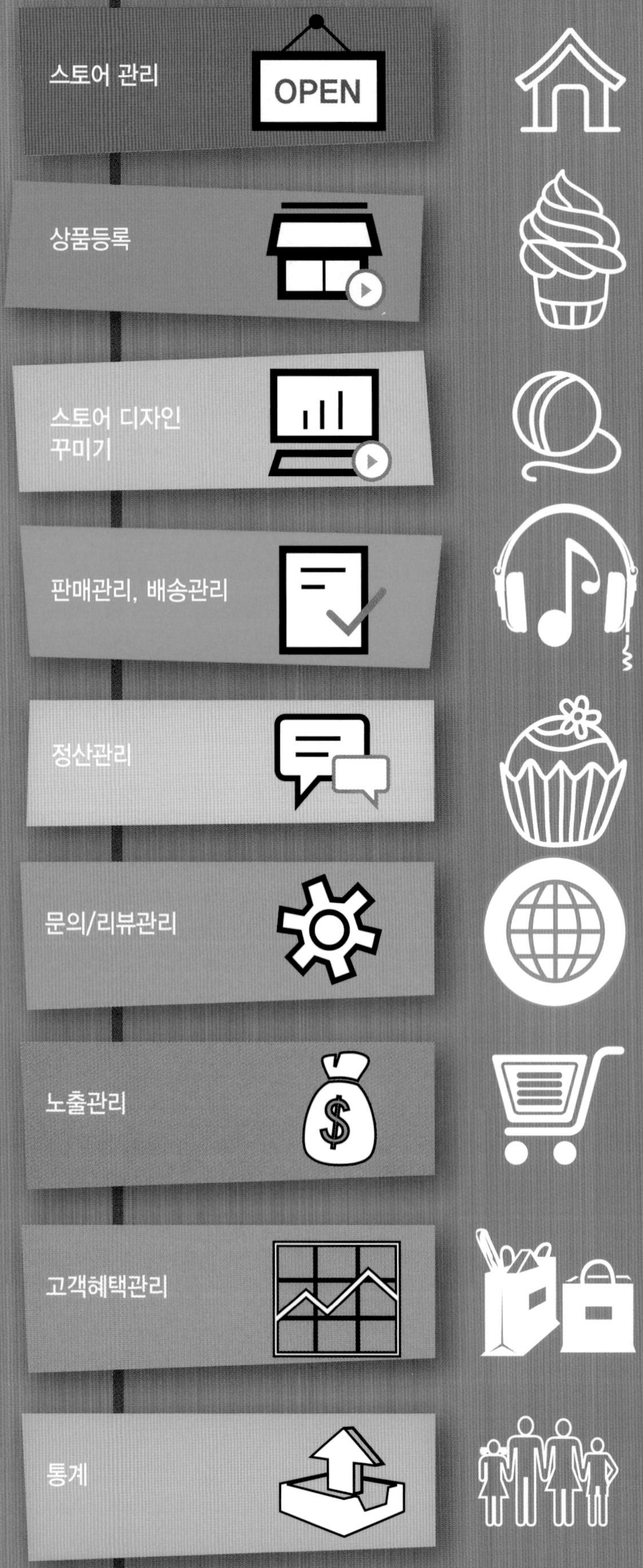

스토어 관리
OPEN
상품등록
스토어 디자인
꾸미기
판매관리, 배송관리
정산관리
문의/리뷰관리
노출관리
고객혜택관리
통계

PART 02

스마트스토어
설정 및 운영

들어가기에 앞서
이 파트는 다른 일반 책들과 같이 스마트스토어 매뉴얼을 그저 나열한 책이 아
닙니다. 이 책은 여러분을 위해서 처음부터 스마트스토어를 만들어가는 과정
을 담았습니다. 그렇기에 하나하나 실습을 통해 그대로 따라 하시면 자연스럽
게 쇼핑몰을 구축할 수 있습니다.

예제파일 다운
모든 실습사진과 파일은 프로피알 홈페이지(http://propr.co.kr/book)에 오시
면 다운로드 가능합니다.

시스템 공통사항
PART 2의 기본 환경은 구글 크롬입니다. 실제 네이버 스마트스토어 공식입장
도 크롬을 권장하고 있습니다.

CHAPTER

05 스토어 관리

Q1 스마트스토어 대표 이미지 변경 방법을 알려주세요.

01 ❶ [스토어 전시관리] ❷ [스토어 관리] ❸ [스토어 대표 이미지]를 클릭하여 이미지를 수정합니다. 대표 이미지 사이즈는 1300px 이상의 정사각형으로 해주시면 좋습니다. 최대 이미지 크기는 20MB까지 가능합니다. 움직이는 GIF 애니메이션 이미지 노출은 불가하며, JPEG 및 PNG 이미지만 등록이 가능합니다. 이 대표 이미지가 중요한 이유는 스토어를 표현하는 대표 이미지이자 스토어 프로필 화면과 네이버 쇼핑 검색 시 노출되기 때문입니다.

▲ 스마트 대표 이미지 수정하기

02 사진을 업로드 하면 ① [검수중]이라고 나옵니다.
이미지 신규 등록 수정은 담당 부서의 검수가 완료되어야 변경됩니다(영업일 기준 1~2일 소요).

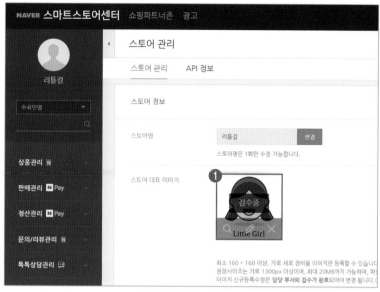

▲ 검수 중인 신규 대표 이미지

03 이미지를 등록하였다면 하단의 [확인]을 눌러 마무리합니다. 1~2일 정도 지나면 ① [대표 이미지]가 등록이 됩니다. 주의할 점은 원으로 표시되니 글자 사이즈나 위치를 잘 조절해서 디자인해야 한다는 것입니다.

▲ 원형으로 표시되는 대표 이미지

Q2 스마트스토어에 연동할 도메인 구매 방법을 알려주세요.

❶ 우리나라 대표 호스팅 회사인 카페24 홈페이지로 갑니다.

❷ 원하는 도메인을 검색해 봅니다. 여기서는 littlegirl을 검색했습니다.

❸ littlegirl.com은 누군가 이미 등록한 상태로 [등록불가능]입니다.

❹ 다행히 littlegirl.co.kr이 [등록가능]으로 되어 있습니다. 도메인 가격은 기본 1년에 부가세 포함 22,000원입니다.

이렇게 등록 가능한 도메인을 찾으시고 결제를 하시면 간단하게 도메인을 자신의 이름으로 확보 할 수 있습니다. 참고 사항은 닷컴(.com)이 1순위이고, 2순위로 씨오점케이알(.co.kr)입니다. 만약 닷컴이 없다면 씨오점케이알을 사는 것이 좋습니다. 여기서도 littlegirl.com이 없기에 littlegirl.co.kr 로 구매하였습니다.

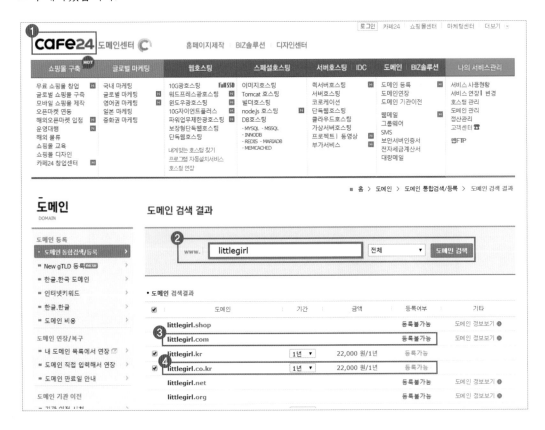

▲ Cafe24 도메인센터

Q3 스마트스토어와 도메인 연결 방법을 알려주세요.

01 관리자페이지인 [스마트스토어 관리]에서 ❶ [스토어 관리] ❷ [스토어 URL] ❸ [개인도메인]을 선택한 후 샀던 도메인을 넣어 봅니다. 그러면 아래와 같은 메시지가 나옵니다.

도메인 호스팅 업체를 통해 등록하신 도메인(littlegirl.co.kr)의 호스트 IP가 스마트스토어 IP가 아닙니다. 도메인 호스팅업체(가비아/후이즈/카페24 등)를 통해 도메인(littlegirl.co.kr)의 호스트 IP를 스마트스토어 IP(125.209. 230.216)로 등록해 주세요.

도메인을 구매했으나 스마트스토어와의 연동을 위해서 도메인을 구입했던 호스팅 업체 관리자페이지에서 도메인 호스트 IP를 수정해 주셔야 합니다. 여기서는 카페24에서 도메인을 구입했으니 카페24에서 호스트 IP를 수정해 보겠습니다.

❶ [로그인]을 하고 ❷ [도메인관리]를 클릭합니다.

❶ [도메인 부가서비스]-[DNS 관리]에서 ❷ 등록한 도메인 옆에 있는 라디오 박스를 체크합니다. 그다음
❸ [DNS 관리]를 클릭합니다.

04 ❶ [호스트IP(A 레코드) 관리] ❷ [도메인 선택] ❸ [수정]을 순서대로 클릭합니다.

05 ❶ [IP 주소]에 스마트스토어 IP인 [125.209.230.216]를 적어 줍니다. 그다음 ❷ [확인]을 클릭합니다.

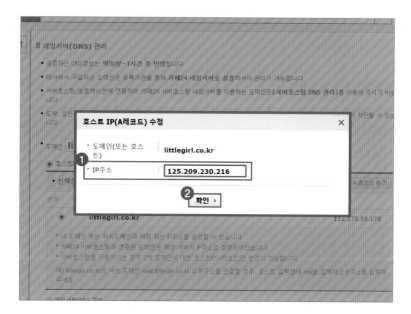

06 수정이 되었습니다. [확인]을 눌러서 마무리합니다.

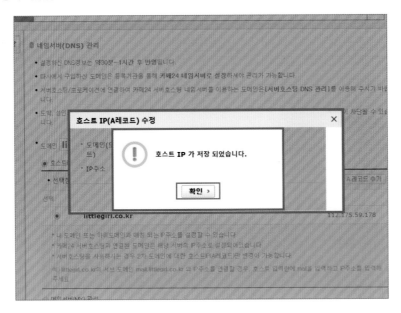

07 주의할 점은 호스팅 업체에서 수정했다고 바로 연결되는 것은 아니라는 점입니다. 최소 30분에서 1시간 정도 기다리셔야 연결이 가능합니다. 30분 정도 지났다면 ❶ [littlegirl.co.kr]을 입력합니다. 그럼 처음과 다르게 에러 메시지가 나오지 않습니다. ❷ [저장]을 눌러 마무리합니다. 그럼 이제부터 여러분의 스마트스토어 도메인 주소는 여러분이 구매한 도메인으로 바뀝니다. 여기서는 littlegirl.co.kr입니다. (물론 스마트스토어 원래 주소인 https://smartstore.naver.com/little-girl도 사용 가능합니다.)

연결이 완료되었습니다.

CHAPTER

06 상품 등록

> **Q1** 상품 등록 방법을 알려주세요.

스마트스토어의 특징은 각 상품 카테고리에 맞춰 등록해야 할 내용을 알아서 세팅해 주는 것입니다. 즉, 등록할 상품이 화장품인 경우 상품에 맞는 카테고리를 설정해 주면 등록에 필요한 필수 내용이 알아서 세팅됩니다. 마찬가지로 등록할 상품이 의류인 경우 의류 카테고리를 설정해 주면 의류 상품등록에서 필요한 부분만 기록하도록 정리해서 보여줍니다. 불필요한 항목들이 보이지 않는다는 것이죠.

여기서는 많은 분들이 아이템으로 다루는 [화장품]과 [의류] 두 가지를 놓고 각각 실제 상품 등록을 해보겠습니다. 가장 까다로운 화장품 상품 등록을 배워보고, 다음으로 의류 상품 등록을 배움으로써 어떤 아이템을 선정하더라도 누구나 쉽게 등록할 수 있도록 배워 보겠습니다.

1. 카테고리

❶ [상품관리] ❷ [상품 등록] ❸ [카테고리명 선택]을 합니다.

스마트스토어는 꼭 상품에 맞는 카테고리를 설정해 주어야 합니다. 일부 상품은 상품 판매 권한이 신청 완료되어야 등록 가능하며, 권한 신청은 스마트스토어센터 내 [판매자정보] - [상품판매권한 신청] 메뉴에서 가능합니다. 상품과 맞지 않는 카테고리를 선택하여 등록한 경우, 강제 이동되거나 판매 중지 또는 금지 처리될 수 있습니다. 여기서는 유아로션을 등록해 보겠습니다. ❹ [출산/육아] ❺ [스킨/바디용품] ❻ [유아로션]을 선택합니다.

▲ 카테고리

2. 판매가

❶ [판매가] : 원하는 판매가격을 적습니다. 네이버 쇼핑을 통한 주문일 경우 네이버쇼핑 매출 연동 수수료 2%가 붙습니다. 이는 네이버페이 결제 수수료와 별도로 과금 됩니다.

❷ [할인] : 할인이 가능하다면 ❸ [설정함]을 선택 후 얼마를 할인할 것인지 금액을 적습니다. 단위 는 '원'이지만 퍼센트(%)로도 가능합니다. 또한 ❹ [특정기간만 할인]을 선택하여 할인 이벤트 기 간을 설정할 수 있습니다. 상시 할인이라면 비활성화합니다.

❺ [할인가] : 실제 고객들이 결제할 할인가격이 표시됩니다.

❻ [판매기간] : 이벤트 상품이라면 판매 기간을 조절할 수 있습니다. 하지만 항상 판매가 이뤄지는 상품이라면 굳이 판매 기간을 설정할 필요가 없습니다.

❼ [부가세] : 많은 분들이 이 부분에서 많이 궁금해합니다.

❽ [과세상품] : 대부분의 상품은 10%의 부가세가 포함된 과세 상품입니다.

❾ [면세상품] : 기초생활필수품 및 기초생활용역, 국민 후생 관련과 문화 관련 재화 및 용역 등이 있습니다.

면세상품

구분	면세 대상
기초생활필수품 및 기초생활용역	• 가공되지 아니한 식료품 • 수돗물, 연탄 및 무연탄 • 여성용 월경 처리 위생용품 • 여객운송 용역(다만, 항공기, 고속버스, 전세버스, 택시, 특수자동차, 고속철도 제외) • 주택과 이에 부수되는 토지의 임대 용역 등등
국민후생관련과 문화관련 재화 및 용역	• 의료보건용역 • 도서(전자책 및 도서대여 용역을 포함), 신문, 잡지, 관보 등등

⓾ **[영세상품]** : 수출하는 재화, 국외에 제공하는 용역 등이 있습니다. 즉, 수출용이라면 영세상품이 됩니다.

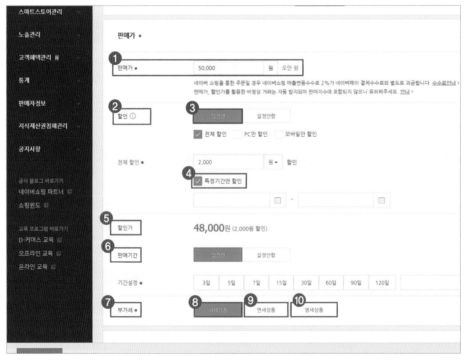

▲ 판매가

3. 재고수량

❶ **[재고수량]** : 상품의 재고를 직접 입력합니다. 단, 옵션 재고수량을 사용하면 옵션의 재고수량으로 적용되어 자동으로 입력됩니다.

▲ 재고수량

4. 옵션

옵션은 상품등록에서 매우 중요한 부분입니다. 그렇기에 스마트스토어는 어떻게 옵션을 세팅하는지 잘 알고 있어야 합니다. 그렇기에 따라 다음 질문인 [Q2. 옵션 세팅 방법을 사례를 통해 알려주세요] 에서 각각 상황에 따른 옵션 세팅방법을 자세하게 배울 것입니다. 여기서는 스마트스토어에서 옵션 이 어떻게 구성되어 있는지 한눈에 파악할 수 있도록 정리해 보겠습니다.

스마트스토어 옵션구조

종류		설명	예시
선택형(판매자가 미리 설 정해 둔 옵션 리스트 중 에서 구매자가 선택하는 방식)	단독형	옵션별로 추가 옵션가와 재고수 량이 동일한 경우	예) 판매가는 같고 단순하게 색상만 선택하는 경우
	조합형	옵션별로 옵션가가 다르거나 재 고수량이 다른 경우	예) 사이즈별로 추가금액이 있는 경우
직접 입력형 (주문 시 구매자가 선택사 항을 직접 텍스트로 입력 하는 방식)			예) 간판제작으로 고객의 상호나 간판이름을 알아 야 할 경우 반지에 이니셜을 기재하는 경우

옵션은 크게 [선택형]과 [직접 입력형] 두 가지 종류가 있습니다.

❶ [선택형]: 사이즈, 색상 등 상품의 상세 조건을 판매자가 설정하여, 구매자가 상품 구매 시 옵션을

선택할 수 있도록 설정이 가능합니다.

❷ **[옵션 입력방식]** : [직접 입력하기] [엑셀 일괄등록] [다른상품 옵션 불러오기]가 가능합니다.

❸ **[옵션 구성타입]** : 예를 들어, 판매가는 같고 단순하게 색상만 선택하는 경우는(옵션별로 추가 옵션가와 재고수량이 동일한 경우) [단독형]으로 선택하고 사이즈별로 추가금액이 있는 경우(옵션별 재고수량이나 옵션가 설정이 필요하면) [조합형]을 선택합니다.

❹ **[옵션명 개수]** : 옵션이 몇 개가 필요한지 선택합니다.

❺ **[정렬 순서]** : 옵션이 보여줄 정렬 순서입니다. 등록순도 있고, 가나다순도 있습니다.

❻ **[옵션입력]** : [옵션명] 은 소비자들이 옵션을 볼 때 처음으로 보여주는 이름입니다.

예를 들어, 고객들은 옵션을 보게 될 때 [상품선택]이라는 글자를 보게 되고 실제 옵션을 터치하여 실제 옵션값을 보게 됩니다. [옵션값]은 실제 옵션을 넣을 내용을 입력합니다. 주의할 점은 콤마(,)로 옵션값을 구분해주어야 하는 것입니다. 초보자들은 이 부분에서 헷갈리십니다. 콤마로 옵션값을 구분해 주세요.

❼ **[옵션목록]** : 옵션값을 넣어주면 그 옵션에 대한 목록들이 보이고, 각각의 설정이 가능하게 합니다.

▲ 옵션

5. 상품이미지

❶ **[대표이미지]** 는 640×640px의 사진을 업로드 합니다. 주의할 점은 상품의 대표이미지를 수정할 경우 네이버 쇼핑에 반영되기까지는 최대 1~2일 소요된다는 것입니다. 만약 네이버 쇼핑에 나오

는 대표 이미지도 바로 변경을 원할 경우에는 다음과 같은 단계를 거치면 됩니다.

@ 쇼핑파트너존(https://adcenter.shopping.naver.com/main.nhn)에 로그인
ⓑ [상품관리] – [상품현황 및 관리] 메뉴로 이동
ⓒ 변경하실 상품을 선택하고 [이미지 업데이트] – [선택한 이미지] 클릭하시면 즉시 이미지 업데이트 가능
합니다.

❷ [추가이미지]는 대표 이미지 다음에 보여주길 원하는 사진들입니다. 대표 이미지 아래 조그마한
사진으로 보여주게 되고 마우스를 가져다 대면 크게 보이는 이미지들입니다.

▲ 상품이미지

6. 상세설명

❶ [상세설명]은 쇼핑몰에 상세페이지를 말합니다. 즉, 상품을 클릭했을 때 자세하게 상품에 대해서
설명하는 페이지입니다. 스마트스토어는 상세페이지를 스마트에디터(SmartEditor)로 만들도록
하고 있습니다. 이 스마트에디터는 네이버에서 공통으로 사용하는 콘텐츠 제작 툴입니다. PC와
모바일 모두에게 최적화되도록 콘텐츠를 만들 수 있다는 장점을 가지고 있습니다. 스마트에디터
작성법은 내용이 많아 따로 다음 부분에서 설명하겠습니다.

❷ [HTML 작성]은 HTML 코딩을 알아야 가능합니다. 대부분 운영자들은 HTML 코드를 모르지만

세밀한 작업 및 스마트에디터에서 구현하지 못하는 기능들을 HTML 작성으로 직접 코드를 만들어 작성할 수 있습니다.

▲ 상세설명

7. 상품 주요정보

❶ **[모델명]** : 상품의 모델명이 있다면 입력합니다. 모델명은 상품명이 아니라는 사실을 기억하셔야 합니다. 입력한 모델명 정보는 네이버쇼핑에서 '가격비교 추천'이나 '같은 상품 모아보기'에 활용되며, 모델명으로 검색이 가능하도록 적용될 예정입니다. 모델명 찾기를 통해 모델명을 등록하시면 카테고리, 브랜드, 제조사, 상품 주요정보가 자동으로 입력됩니다. 한번 선택한 모델명은 수정이 불가하므로 신중하게 입력해 주세요. (단, 브랜드, 제조사, 상품 주요정보는 수정이 가능합니다) 원하는 모델명이 없는 경우 직접 입력하여 등록해 주시고, 상품 상세 페이지에도 정보가 노출되므로 정확하게 입력해 주세요.

❷ **[브랜드]** : 브랜드명은 직접 입력보다는 자동완성 레이어로 찾아서 등록하는 것이 좋습니다. 만약 자체브랜드이거나 아직 등록되지 않은 브랜드라면 직접 입력하여 브랜드명을 적습니다. 등록한 브랜드는 '브랜드 검색'에 사용되며, 상품명에 브랜드가 포함되어 있더라도 브랜드 항목을 입력한 상품이 검색 적합도가 더 높기 때문에 네이버쇼핑 랭킹 상위로 올라갈 수 있습니다.

❸ **[제조사]** : 제조사를 입력합니다. 사입한 경우 상품 포장이나 박스에 있는 제조사를 정확하게 적습니다. 자체 제작인 경우는 직접 입력합니다.

❹ **[상품속성]** : 카테고리 설정에 따라 상품속성의 메뉴가 다릅니다. 지금은 유아로션을 카테고리를 선택했기에 화장품과 관련된 상품속성이 나옵니다. 여러분의 상품속성을 정확하게 적어주세요.

▲ 상품 주요정보

8. 상품 주요정보 2

❶ **[KC인증]** : 상품이 KC인증이 필요한 것인지 아니면 KC안전관리대상이 아닌지 확인해 주셔야 합니다. 인증대상 여부 문의는 국가기술표준원 또는 제품안전정보센터로 확인해주시기 바랍니다.

❷ **[원산지]** : 국산이라면 도, 시까지 선택이 가능합니다.

❸ **[상품상태]** : 신상품인지 중고 상품인지 선택합니다. 중고, 리퍼, 전시 등의 상품은 중고 상품으로 선택해야 합니다.

❹ **[맞춤제작]** : 수제화처럼 맞춤상품이거나 커스터마이징이 필요한 제품이라면 체크합니다.

▲ 상품 주요정보

9. 상품정보제공고시

온라인에서는 '전자상거래 등에서의 소비자보호에 관한 법률'에 따라 상품에 대한 정보를 소비자에게 제공(표시)하게 되어 있습니다. 스마트스토어의 상품정보제공고시 역시 필수정보입니다. 반복되는 부분이기에 템플릿으로 만들어서 사용하면 매우 편합니다. ❶ [설정여부] 항목 우측의 ❷ [템플릿 추가] 체크 후 저장을 할 경우 [상품관리] - [템플릿 관리] 내 '상품정보제공고시 템플릿 관리' 탭에 저장이 되고, 추후 상품 등록 시 활용 가능합니다.

▲ 상품정보제공고시

10. 배송

❶ **[배송여부]** : [배송]을 선택합니다. 자주 쓰는 부분이기에 [템플릿 추가]를 체크합니다.

❷ **[배송방법]** : 대부분 택배를 선택합니다. 방문 수령이 가능하다면 [방문수령]을 체크하여 소비자들이 알 수 있도록 합니다. 3자 물류처럼 계약된 물류창고에서 배송이 된다면 [방문수령]은 해제합니다.

❸ **[배송속성]** : [일반배송]으로 영업일로 2~3일인지 [오늘출발] 가능한지 알려주는 기능입니다.

❹ **[묶음배송]** : 묶음 배송이 가능하다면 [가능]으로 활성화합니다. [배송비 묶음그룹 관리]를 통해 묶음 그룹에서 가장 작은 배송비로 부과할지 높은 배송비로 부과할지 선택할 수 있습니다.

11. 배송

❶ **[상품별 배송비]** : 무료, 조건부 무료, 유료, 수량별, 구간별 등으로 선택이 가능합니다. 많은 분들은 운영 정책상 [무료] 아니면 [조건부 무료]를 선택합니다. 여기서는 가장 많이 사용하는 [조건부 무료]를 선택해 보겠습니다.

❷ **[기본 배송비]**를 적습니다. 보통 기본 2,500원을 선택하지만 택배비 인상으로 기본 3,000원으로 적는 운영자들이 점차 많아지고 있습니다.

❸ **[배송비 조건]** : 무료배송 기준을 선택합니다. 중요한 것은 상품 결제 금액이 아니라, 판매자가 설정한 상품의 '판매가'를 기준으로 청구된다는 것입니다. 예를 들어 3만 원 이상 무료배송으로 설정한 경우, 할인쿠폰 등 사용으로 결제금액이 2만 원이어도 상품 판매가가 3만 원 이상이면 무료배송 적용됩니다.

❹ **[결제방식]** : 선결제를 추천해 드립니다.

❺ **[제주/도서산간 추가 배송비]** : 제주도 같은 경우 배송비가 비싸기에 추가 배송비를 받도록 할 수 있습니다. 현재 묶음배송을 활성화했으므로 [배송비 묶음그룹 관리]에서 설정할 수 있고, 배송비와 함께 노출됩니다.

❻ **[지역별 차등 배송비]** : 지역별 차등 배송비가 존재할 때 사용하는 기능으로 실제 많이 사용하지 않습니다. 이유는 관행적으로 제주도, 울릉도, 독도인 경우를 제외하고 대부분 택배비를 동일하게 받아왔기 때문입니다. 만약 특별하게 차등 적용하고 싶다면 설정해 줍니다.

12. 반품교환

반품교환에서 중요한 것은 절대 임의적인 반품교환 원칙을 세워서는 안 된다는 것입니다. 예를 들어 무조건 환불이 불가능하거나 교환을 3일 이내 해야 한다 등 소비자보호 관한 법률에 위반되는 내용은 안 됩니다. 청약철회(반품/교환)는 전자상거래 등에서의 소비자보호에 관한 법률에 따라 정해져 있으며, 만약 불법 행위 적발 시 스마트스토어에서는 이용정지 또는 관련 법에 의거하여 제재될 수 있습니다. 정확한 소비자보호법을 알고 싶다면 [Chapter 20. CRM 고객 응대]를 확인 바랍니다.

13. A/S. 특이사항

A/S 전화번호는 모든 상품 상세페이지에 노출되므로 정확한 전화번호를 입력하시길 바랍니다. 자주 사용하는 A/S 내용은 A/S 템플릿을 만들어서 사용이 가능합니다. A/S 템플릿 등록 및 수정은 [상품관리] - [템플릿 관리] - [A/S 템플릿 관리] 메뉴에서 설정 가능합니다.

14. 추가상품

하나의 상품을 살 때 관련 있는 상품을 추가로 구매할 수 있도록 표현할 수 있습니다. 추가상품은 ❶ [직접 입력하기] ❷ [엑셀 일괄등록] ❸ [다른상품 추가상품 불러오기] 방식으로 등록 가능합니다. 보통은 [다른상품 추가상품 불러오기]를 선택하여 마케팅 디드로 효과를 얻을 수 있습니다. 하나를 살 때 같이 구매하도록 유도할 수 있습니다.

15. 구매/혜택 조건

많은 분들이 스마트스토어에서 구매를 할 때 상품 리뷰를 달거나 사진/동영상 리뷰를 달면 포인트를 받았던 기억이 있을 것입니다. 바로 그런 기능이 바로 구매/혜택 조건입니다. 기본은 쉽게 이해할 수 있으므로 중요한 포인트 기능을 알아보겠습니다.

❶ [상품 구매 시 지급] : 상품 구매 시 기본적으로 포인트를 얼마를 줄지 정합니다. 0원을 주셔도 상관없습니다.

❷ [상품리뷰 작성 시 지급] : 무조건 활성화하여 최대한 많은 리뷰를 만들어 내야 합니다. 왜냐하면 스마트스토어 알고리즘상 다수의 충실한 리뷰는 스마트스토어 인기지수에 반영되기 때문입니다. 그러므로 상품리뷰 작성 시 지급을 꼭 활성화합니다.

16. 구매/혜택 조건

❶ **[텍스트 리뷰 작성]** : 텍스트 리뷰 작성 시 주는 포인트입니다.

❷ **[포토/동영상 리뷰 작성]** : 포토 또는 동영상 리뷰 작성 시 주는 포인트입니다. 텍스트 리뷰보다 포토 및 동영상 리뷰가 판매에 매우 좋은 영향을 미칩니다. 그러니 당연히 포인트를 더 많이 주어 구매자들이 사진이나 동영상 리뷰를 쓰도록 유도해야 합니다.

❸ **[한달사용 텍스트 리뷰 작성]** : 한 달 안에 텍스트 리뷰를 작성했을 때 주는 포인트입니다.

❹ **[한달사용 포토/동영상 리뷰 작성]** : 한 달 안에 포토 및 동영상 리뷰를 작성했을 때 주는 포인트입니다.

❺ **[스토어찜 고객리뷰 작성]** : 매우 중요한 마케팅 포인트입니다. 스토어찜 고객은 일반 고객이 아닌 단골고객 또는 충성고객일 가능성이 큽니다. 그런 분들에게 더 많은 포인트, 더 많은 혜택을 드리는 것은 CRM 마케팅 측면에서도 매우 중요합니다. 텍스트, 포토/동영상 여부와 상관없이 상품 리뷰 혹은 한달사용 리뷰 작성시 1회 지급됩니다.

❻ **[무이자할부]** : 선택한 개월 수 이하로 무이자할부가 적용됩니다. 무이자 할부 수수료는 판매자 부담하게 되고, 판매금액 정산 시 자동으로 차감됩니다. 개인적으로 추천하지 않는데, 굳이 무이자할부를 하여 비싼 수수료를 낼 이유가 없기 때문입니다.

❼ **[사은품]** : 특별하게 지금 등록하는 상품을 구매 시 사은품이 있다면 그 내용을 적어 줍니다.

❽ **[이벤트]** : 현재 등록하고 있는 상품과 관련된 이벤트가 있다면 그 내용을 적어 줍니다. 이벤트는 홍보효과가 매우 좋으므로 스토어 관련 전체 할인 이벤트나 스폿 이벤트가 있다면 노출해 줍니다. 다만, 이벤트 문구는 검색대상에 포함되지 않기에 검색 마케팅에는 활용할 수 없습니다. 주의

할 것은 상품과 직접 관련이 없는 유명 상품 유사 문구, 허위 과대광고 등을 입력하면 판매가 금지될 수 있다는 것입니다.

17. 검색설정

검색설정이 중요한 이유는 네이버 알고리즘에 의해 현재 상품 페이지가 더 최적화될 수 있도록 도와주기 때문입니다. 내 상품이 다른 경쟁상품보다 조금 더 상단에 뜰 수 있는 방법을 알고 싶으시다면 지금부터 하는 검색설정을 꼭 세팅하시길 바랍니다.

❶ **[태그]** : 선택한 카테고리에 맞는 태그를 자동으로 추천하며, 최대 10개까지 등록 가능합니다. 왜 카테고리가 중요한지 아시겠죠? 처음으로 상품을 등록할 때 카테고리를 정확하게 선택해 주어야 모든 정보가 최적화되어 나열됩니다. 태그도 마찬가지로 현재 등록하고 있는 '유아로션'에 최적화되어 추천 태그를 네이버 알고리즘이 선택하여 큐레이션 해주고 있습니다.

❷ **[요즘 뜨는 HOT 태그]** : 최근 뜨고 있는 인기 태그를 추천합니다.

❸ **[감성태그]** : 유행이나 트렌드를 표현하면서 스타일이나 느낌 등을 잘 살릴 수 있는 태그를 추천합니다.

❹ **[이벤트형 태그]** : 시즌, 계절, 기념일 등 상황에 맞는 태그를 추천합니다.

❺ **[타겟형 태그]** : 특정 연령이나 성별에 맞는 태그를 추천합니다.

❻ **[태그 직접 입력]** : 원하는 태그가 없으면 직접 적어줄 수 있습니다.

❼ **[Page title]** : SNS 등 소셜 서비스에 상품정보 공유 시 노출되는 타이틀입니다. SEO 마케팅을 할 때 매우 중요한 부분입니다. 기본값이 적용되어도 무방하지만, 상품별로 다른 값을 입력해 주시면 검색엔진이 상품을 판단하기에 좀 더 용이할 수 있습니다. 미입력 시 '상품명 : 스마트스토어' 형태로 노출됩니다.

❽ [Meta description] : SNS 등 소셜 서비스에 상품정보 공유 시 타이틀 아래 노출되는 설명글입니다. 미입력 시 '스마트스토어 : 스마트스토어 소개 글' 형태로 노출됩니다.

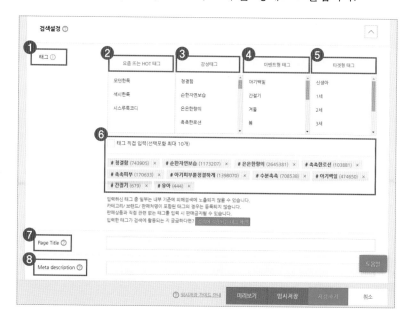

18. 판매자 코드

자체 상품 코드가 있다면 입력합니다. 상품을 많이 판매해본 분들이라면 이런 자체 상품 코드가 재고 정리할 때 얼마나 도움이 되는지 알고 계실 것으로 생각합니다. 내부적으로 의사소통을 위해서나 기존의 자체 재고프로그램을 이용해서 자체상품 코드를 입력하면 스토어가 복잡해지고 상품이 다양해질수록 큰 힘이 됩니다.

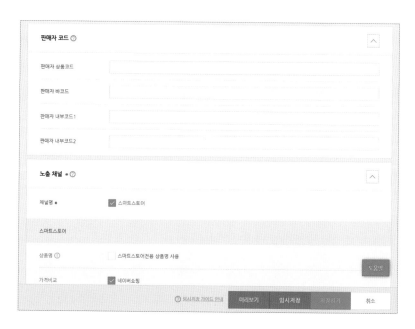

19. 노출 채널

채널은 상품 판매가 진행되는 쇼핑 서비스 페이지를 의미합니다. 네이버에서는 스마트스토어와 쇼핑윈도라는 두 가지의 채널을 가지고 있습니다. 아직 우리는 쇼핑윈도 서비스를 신청하지 않았기에 쇼핑윈도가 노출되지 않지만, 만약 쇼핑윈도에 가입이 가능하고 등록이 된 분들이라면 바로 두 채널 모두 노출이 가능합니다. 또한 한 곳만 선택적으로도 노출할 수 있습니다.

❶ **[가격비교 사이트 등록]** : 네이버쇼핑을 체크하면 여러분의 상품이 네이버쇼핑에서 노출되면서 고객들이 가격 비교를 할 수 있습니다. 스토어 자체가 [노출채널관리] - [비즈니스 서비스 설정] - [네이버쇼핑] 또는 [노출채널관리] - [가격비교 설정] ON으로 되어 있어야 하니, 반드시 따로 확인해 주셔야 합니다.

20. 저장하기

이제까지 잘 해오셨습니다! 자, 이제 상품 등록 마무리를 할 차례입니다.

❶ **[미리보기]** : 상품을 등록 전 미리보기로 예상 상품 페이지를 볼 수 있습니다.
❷ **[임시저장]** : 아직 완성되지 않은 상태에서 잠시 창을 닫아야 할 경우 꼭 임시저장을 눌러 데이터를 저장해 둡니다.
❸ **[저장하기]** : 상품 등록이 마무리될 때 마지막으로 저장하기를 선택합니다.

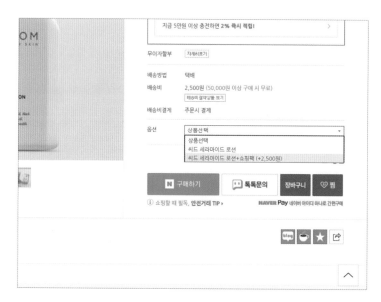

> **Q2** 옵션 세팅 방법을 사례를 통해 알려주세요.

옵션을 설명하는 정보는 많지만 이해하기가 어렵다는 분들이 많습니다. 그래서 어떻게 옵션을 설정해야 하는지 예제를 통해 연습해 보겠습니다.

1. 본품과 관련된 추가상품을 붙여서 판매할 경우

❶ **[옵션]**을 클릭하여 옵션 선택을 활성화합니다.

❷ **[선택형]** : [설정함]을 선택합니다.

❸ **[옵션 입력방식]** : 운영자가 지금 상황에 맞춰 입력해야 하므로 [직접 입력하기]를 선택합니다.

❹ **[옵션 구성타입]** : 쇼핑백을 선택할 때 추가 금액이 필요하므로 옵션별 재고수량이나 옵션가 설정이 따로 필요합니다. 그래서 [조합형]을 선택합니다.

❺ **[옵션명 개수]** : 옵션은 1개입니다.

❻ **[정렬 순서]** : 등록한 그대로 보여주길 원하므로 [등록순]을 선택합니다.

❼ **[옵션입력]** : [옵션명]에 [상품선택]이라고 입력하고, [옵션값]에는 실제 보여줄 [씨드 세라마이드 로션,씨드 세라마이드 로션+쇼핑백]이라고 입력합니다. 이때 주의할 점은 옵션의 값들을 꼭 콤마(,)로 구분 지어 주세요.

❽ **[옵션목록으로 적용]**을 클릭합니다. 그럼 아래에 옵션명과 옵션값이 나옵니다. 쇼핑백을 선택한 상품은 2,500원을 더 받을 예정이므로

❾ **[옵션가]**에 2,500원을 입력합니다.

❿ **[재고수량]**은 원하는 대로 적습니다. 지금은 각각 100개씩 입력했습니다.

저장 후 확인해 보면

옵션이 적용된 것을 볼 수 있습니다. 또한 재고 수량도 100+100으로 되어 200개가 되어 있는 것을 확인할 수 있습니다.

2. 색상과 사이즈가 나눠져 있는 경우

[옵션 연습예제 2]의 세팅방법은 [옵션 연습예제 1]을 토대로, 아래의 사진을 그대로 따라 합니다.

3. 색상과 사이즈가 나눠져 있는 상태에서 가격이 서로 다를 경우

예를 들어 빨간색 의류만 1000원을 더 받아야 한다면, 옵션에 가격이나 재고 수량을 다르게 조합할 수 있는

❶ [조합형]을 선택해 주어야 합니다.

❷ [옵션입력]에서 옵션명과 옵션값을 그림과 같이 넣어 줍니다.

❸ [옵션목록으로 적용]을 클릭합니다.

❹ [빨강]을 선택합니다.

❺ [옵션가]에 1,000원을 입력하고, [재고수량]도 준비된 수량만큼 입력합니다.

❻ [선택목록 일괄수정]을 클릭하여 일괄 수정합니다.

❼ [옵션명]에서 빨간색을 제외한 나머지 옵션을 선택합니다.

❽ [옵션가]에 0원을 입력하고, [재고수량]도 준비된 수량만큼 입력합니다. 여기서 재고 수량을 넣지 않으면 다른 제품은 0개가 되어 품절처리 됩니다. 꼭 나머지 옵션들도 재고 수량을 입력하시길 바랍니다.

❾ [선택목록 일괄수정]을 클릭하여 일괄 수정합니다.

❿ [저장하기]로 마무리합니다.

Q3 패션의류 상품 등록 방법만 쉽게 설명해 주세요.

앞서 배운 내용을 토대로 패션의류 상품 등록 및 옵션을 빠르게 설정해 보겠습니다.

01 동일하게 카테고리를 가장 먼저 선정해 줍니다.
❶ [패션의류] ❷ [여성의류] ❸ [블라우스/셔츠]

02 ❶ [상품명] : 리틀걸 블링블링 셔츠
❷ [할인] : [설정함], [10%]로 설정

03 재고 수량은 미리 적어도 되고, 옵션설정에서 세팅이 가능합니다. 여기서는 패션의류에 맞는 사이즈와 컬러를 조합해 보겠습니다.

❶ [선택형] : [설정함]

❷ [옵션 입력방식] : [색상/사이즈 간편 입력]을 선택합니다. 앞서 말씀드렸다시피 스마트스토어는 아이템에 따라 알맞은 기능들이 최적화되어 보여주게 됩니다. 앞서 화장품 등록할 때 없던 기능들이 패션의류에는 보입니다.

❸ [옵션입력] : 원하는 색과 사이즈를 선택합니다.

❹ [옵션목록으로 적용]을 선택합니다.

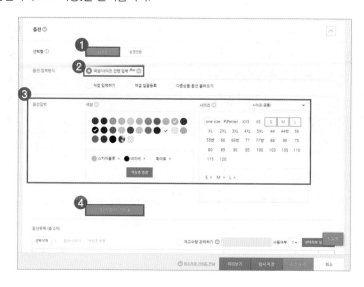

04 ❶ [옵션 이미지]를 클릭합니다. 꼭 옵션 이미지를 선택하지 않아도 됩니다. 하지만 쇼핑몰 '스타일난다'를 예를 들면, 옵션 이미지에 줌이라는 기능을 더해서 시각적으로 직관적인 효과를 얻고 있습니다. 이는 마케팅적으로 매우 좋은 효과를 나타냅니다.

❷ [등록하기]를 클릭해 옵션 이미지를 업로드 합니다. 권장 사이즈는 1000×1000px 입니다.

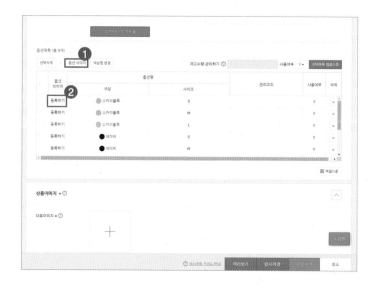

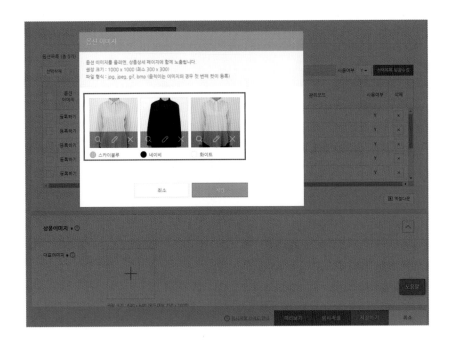

05 ❶ [재고수량 관리하기]를 선택합니다. ❷ [상품을 선택] 합니다. ❸ 재고에 맞는 수량을 입력합니다. ❹ [선택목록 일괄수정]을 클릭합니다. ❺ 물론 재고에 수동으로 입력도 가능합니다.

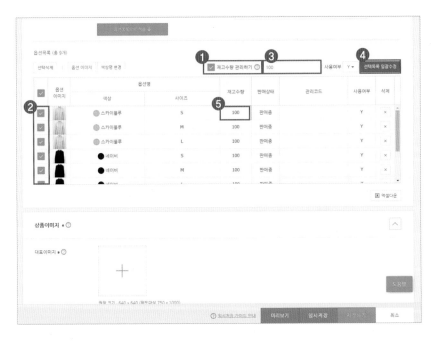

06 상품 이미지를 다음과 같이 업로드 합니다.

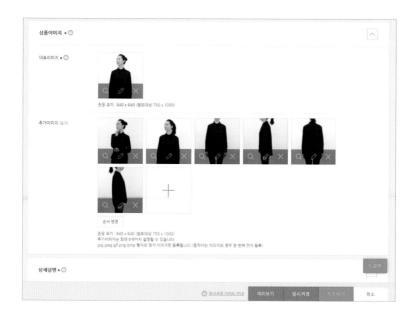

07 스마트에디터 3.0으로 상품상세페이지를 만듭니다. 스마트에디터 3.0 배우기는 [Q4. 상품상세페이지 작성하는 방법을 알려주세요.]에 나와 있으므로 참고 바랍니다.

08 브랜드 있는 옷은 정확한 정보가 있지만, 동대문에서 사입하여 들여온 옷들은 브랜드나 제조사를 알기 힘들고 도매처에서 알려주는 경우도 거의 없습니다. 이렇게 상품 주요정보에 대해 모른다면, 대부분 현실에 맞게 판매자 브랜드와 제조사를 넣곤 합니다.

09

❶ [KC인증] : 일반적인 의류 같은 경우 현재 전기용품 및 생활용품 안전관리법(이하 전안법)의 개정으로 안전기준준수대상 생활용품(23품목) 중의 하나입니다. 안전기준준수대상 생활용품들은 KC마크는 붙이지 않지만, 해당 품목별 안전기준이 정한 표시사항을 표시해야 합니다. 그럼 의류에 대한 품목별 안전기준이 정한 표시사항은 무엇일까요? 그동안 전안법에 대해서 질문이 많았기 때문에 다음 그림을 보면서 확실하게 체크하고 가겠습니다.

예시 : 의류제품 표시사항

1. 섬유 혼용률
   - 겉감 : 면100%
   - 안감 : 폴리에스터 100%
2. 제조자명(또는 수입자명)
   - 국가기술표준원
3. 제조국명 : 한국
4. 제조연월 : 2018.07
5. 치수(cm)
   - 가슴둘레 : 85-93
   - 허리둘레 : 70-80
   - 키   : 157-170
6. 취급상 주의사항

7. 표시자 주소 및 전화번호
   - 충청북도 음성군 맹동면 이수로 93. 국가기술표준원 (☎ 043-870-0000)

▲ 전안법 관련 의류제품 표시사항 예시 〈출처: 국가기술표준원〉

스마트스토어에서는 이렇게 세팅합니다. ❷ [인증 없음] ❸ [안전기준 준수]를 선택하여 상품 등록을 합니다. 중요한 것은 다음 단계에서 세팅할 [상품정보제공고시] 또는 [상세페이지(상품상세 참조로 전체 입력을 체크한 경우)]에 상품에 대한 자세한 정보를 노출해야 한다는 것입니다. 이렇게 하지 않으면 전안법을 위반하게 됩니다. 이외에 나머지 기본 정보도 체크해 줍니다.

10 ❶ 상품군에 [의류]를 선택합니다.

❷ [상품상세 참조로 전체 입력]을 체크합니다. 이때 주의할 점은 이 기능을 활성화하면 꼭 상세페이지에 제품 소재, 색상, 제조자, 제조년월 등 법에 규정하는 정보를 반드시 입력해야 한다는 것입니다.

11 나머지 세팅 값은 이미 앞서 [화장품] 상품 등록할 때 자세하게 설명해드렸으므로 참고하시면 됩니다. 등록되었다면 [저장하기]를 클릭하여 상품 등록을 마무리합니다. 자! 완성되었습니다.

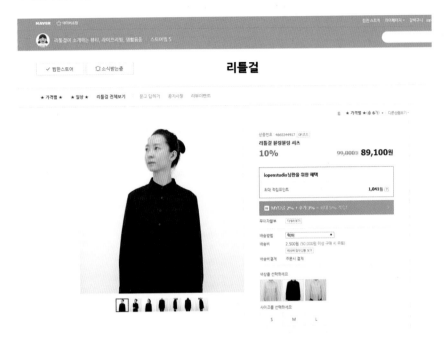

Q4 상품상세페이지 작성하는 방법을 알려주세요 – 스마트에디터 기능 파악하기

여기서는 상품의류 상세페이지를 만들어 보면서 자연스럽게 스마트에디터 기능을 알아보겠습니다. 스마트에디터가 중요한 이유는 네이버의 모든 콘텐츠(블로그, 포스트, 스마트스토어 등)의 작성이 동일한 플랫폼에서 이뤄지기 때문입니다. 다시 말해, 네이버에서 어떤 콘텐츠를 작성하든지 만나게 되는 기능이 바로 '스마트에디터'입니다. 스마트에디터는 2.0, 3.0, one 등 다양한 버전이 있지만 기본 구동 방법은 동일하므로 누구나 쉽게 배울 수 있습니다. 잘 배워두시면 앞으로 배울 블로그, 포스트 등 네이버 마케팅에서 다양하게 활용할 수 있습니다.

01 스마트에디터의 기본기능을 설명하겠습니다.
❶ [텍스트] : 글자를 입력할 때 사용합니다.
❷ [사진] : 사진을 삽입합니다.
❸ [동영상] : 동영상을 삽입할 수 있으며, 네이버 동영상 및 유튜브 동영상도 가능합니다.
❹ [장소] : 네이버 지도에 등록된 모든 장소 등록이 가능합니다.
❺ [구분선] : 문단과 문단을 구분할 때 주로 사용합니다.
❻ [인용구] : 문장을 인용할 때 사용하며, 특히 글에 디자인을 입힐 때 주로 사용합니다.
❼ [글감 검색] : 네이버 쇼핑의 상품을 보여줄 수 있습니다.
❽ [링크] : 글, 사진 등등 모든 콘텐츠에 링크를 설정할 수 있습니다.

⑨ [HTML] : 본문에 HTML 코드를 삽입할 수 있도록 도와줍니다.

⑩ [모니터] : 상세페이지를 모니터링할 때 사용합니다.

⑪ [정렬] : 왼쪽, 중앙, 오른쪽 정렬할 때 사용합니다.

⑫ [문단 간격] : 문단 간격을 조정합니다.

⑬ [맞춤법 검사] : 맞춤법을 자동으로 검사합니다.

⑭ [템플릿] : 여러 가지 템플릿이 있어, 디자인에 서툴더라도 예쁜 상세페이지 디자인이 가능합니다.

⑮ [저장] : 임시 저장된 페이지의 숫자를 보여 줍니다.

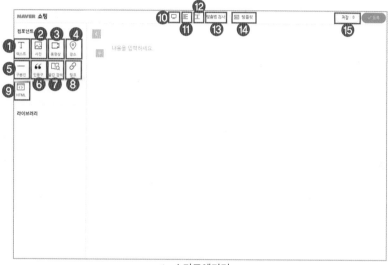

▲ 스마트에디터

02 ❶ [템플릿]을 선택합니다.

추천 템플릿 중에서 ❷ [패션]을 선택합니다. 꼭 패션이 아니더라도 자신에게 맞는 템플릿을 선택합니다.

03 ❶ 텍스트는 마우스를 클릭하면 바로 수정이 가능합니다. 어떤 텍스트라도 추가할 수 있으며, 바로 선택하여 수정할 수 있습니다. ❷ 기존 이미지를 더블클릭합니다. ❸ 기본 이미지를 바꿀 수 있는, 업로드가 가능한 새 창이 열립니다. 수정할 이미지를 선택합니다. 이때 주의할 점은 한 번 수정한 사진을 더블클릭하면 [사진수정]이 아니라 [사진편집 기능]으로 넘어간다는 것입니다.

04 업로드 하고 보니 사진 사이즈가 너무나 큽니다. 사진을 줄이고 편집할 방법을 알아봅시다.
❶ [사진편집]을 클릭하거나 ❷ 사진을 더블클릭하면 [사진편집] 모드로 넘어갑니다.

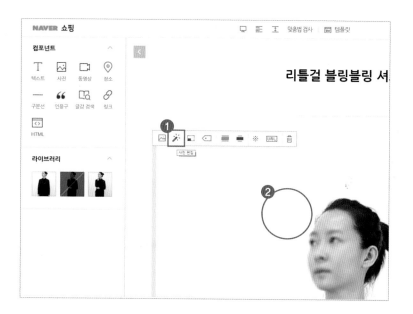

05 이번에는 스마트에디터 사진 편집기 기능을 소개합니다.

❶ [크기] : 사진의 크기를 조절합니다. ❷ [자르기, 회전] : 사진을 자르거나 회전시킬 수 있습니다.
❸ [필터] : 쉽고 빠르게 다양한 필터를 적용하여 사진에 변화를 줍니다. ❹ [보정] : 자동보정, 밝기, 채도, 선명도 등등 세밀하게 보정이 가능합니다. ❺ [액자] : 사진의 액자(테두리)를 만들 수 있습니다.
❻ [서명] : 사진에 본인 표시 워터마크(서명)를 넣을 수 있습니다. ❼ [모자이크] : 원하는 부분에 모자이크 처리가 가능합니다. 보통 얼굴이나 특정 위치를 지정하여 사용합니다.
❽ [텍스트] : 사진에 글자를 삽입합니다.
여기서는 사진 크기를 선택하여 ❾ [600] 픽셀 사이즈로 수정하였습니다. ❿ [완료]를 누르면 적용이 됩니다.

▲ 스마트에디터 사진 편집기

❶ [가운데 정렬] 기능으로 사진을 중앙으로 이동시킵니다.

 이때 ❶ [사진의 제목]을 꼭 넣어야 합니다. 왜냐하면 검색에 용이하기 위해서입니다. SEO 마케팅에서 중요한 것은 최대한 검색 알고리즘에 최적화되는 것인데, 사진 제목에 상품명을 달면 검색반영 빈도에 영향을 미치므로 사진의 제목을 입력하는 것을 추천합니다.

❷ 텍스트 글도 클릭해서 쉽게 수정이 가능합니다. 스마트에디터는 우리가 학교에서 레포트 쓰듯 쉽게 작성과 수정이 가능합니다.

08 그럼 새로 사진 추가나 새로운 기능은 어떻게 추가할 수 있을까요?

마우스를 추가하고 싶은 위치에 가져다 대면 좌측에 [+] 표시가 나옵니다. [+] 모양을 클릭하면 ❶ [X]로 변하면서 ❷ 여러 기능이 표시됩니다. 원하는 기능을 바로 그 위치에서 추가할 수 있습니다. 그 중에서 ❸ [사진]을 선택합니다.

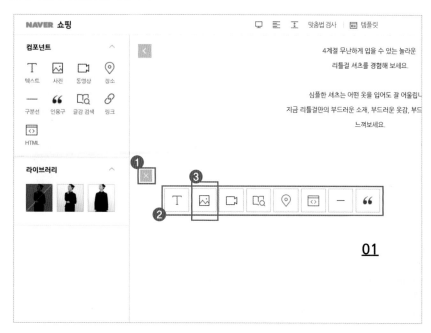

09 사진을 추가할 수 있는 다른 방법은 ❶ [라이브러리]에서 사진을 드래그 드롭하는 것입니다. [라이브러리]에서 사진을 마우스로 집어서 원하는 위치에 내려놓습니다.

10 이번에는 동영상을 넣어보겠습니다. 동영상 마케팅은 꼭 빠지지 않는 주요한 툴이기에 꼭 활용하시길 권유 드립니다.

원하는 위치에서 [+]를 클릭하시고 ❶ [동영상]을 선택합니다.

네이버에서는 ❷ [동영상 올리기] ❸ [링크걸기] ❹ [검색으로 올리기]로 동영상을 사용할 수 있습니다.

❷ [동영상 올리기] : 직접 영상을 업로드 하는 방법입니다. 본인이 소유한 동영상파일을 네이버 플랫폼에 직접 올리는 방법인데, 이때 저작권을 주의해야합니다. 저작권을 위반한 영상은 절대 올리지 않습니다.

❸ [링크걸기] : 유튜브 영상이나 네이버 동영상 URL을 가지고 올 수 있는 영상이라면 모두 가능합니다. 여기에는 유튜브 공유 주소를 입력합니다.

❹ [검색으로 올리기] : 네이버TV 영상을 검색을 통해 찾고 올릴 수 있습니다.

여기서는 유튜브 영상을 업로드 하였습니다.

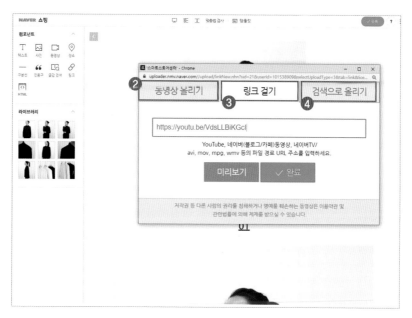

11 영상이 올라갔습니다. 유튜브 영상이라고 해도 저작권이 있는 영상의 사용은 주의하시길 바랍니다.

12 이외에도 스마트에디터에는 다양한 기능들이 있습니다. 앞서 설명한 대로 따라왔다면 다른 기능도 충분히 쉽게 사용할 수 있을 것입니다. 다양한 스마트에디터 기능을 활용하여 상세페이지를 완성 후 스마트에디터 상단에 있는 [등록]을 클릭하여 마무리합니다.

Q5 상품을 조회하거나 수정할 때 어떻게 해야 하나요?

바로 [상품관리]를 통해 상품을 관리할 수 있습니다.

❶ [상품관리] ❷ [상품 조회/수정] ❸ [상품현황]에서는 모든 상품에 대한 현재 상황을 요약해서 보여 줍니다.

그 중 ❹ [전체]를 클릭하시면 아래 하단 ❺ [상품목록]에 모든 상품이 노출됩니다. 등록된 상품 중에서 내가 관리하고 싶은 상품을 여러 조건을 통해 찾아낼 수 있습니다.

특히 여러 조건에 의해 검색된 상품들을 일괄적으로 관리할 때 편합니다. 예를 들어, 선택한 상품에 대한 ❻ [판매변경]을 [판매중] 또는 [판매중지]로 변경할 수 있고, ❼ [전시변경]을 통해 [전시중] 또는 [전시중지]로 일괄 수정할 수 있습니다.

❽ [즉시할인 설정]은 선택한 상품에 즉시 할인가를 설정하여 빠른 이벤트에 대응할 수 있습니다.

❾ [판매가 변경]은 이미 등록한 상품가격에서 각각 얼마를 더 [인상/인하]할 수 있습니다. 이는 빠른 관리가 가능하게 하므로 매우 편리한 기능입니다.

❿ [판매기간 변경]도 마찬가지로 선택한 상품에 대한 일괄 판매기간을 수정할 수 있습니다.

⓫ [배송변경]은 일괄 배송 설정과 배송속성으로 일반배송인지 오늘배송인지 수정할 수 있습니다.

이외 다른 세팅도 ⓬ [일괄변경]을 통해 수정이 가능합니다.

무엇보다 이 상품목록에서 가장 큰 핵심은 상품을 수정하고 복사하는 기능입니다. 상품에 대한 수정이 필요할 때 ⓭ [수정]을 클릭합니다. 또한 같은 카테고리 상품을 등록할 때는 ⓮ [복사] 기능으로 쉽고 빠르게 상품을 등록할 수 있습니다. 복사한 후 상품의 내용에 맞게 수정(상품 이름, 가격, 옵션 등)하여 상품 등록 시간을 절약할 수 있습니다.

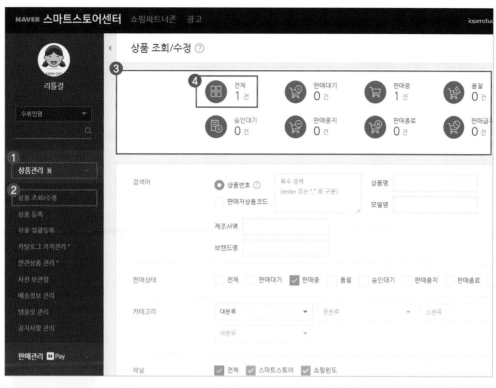

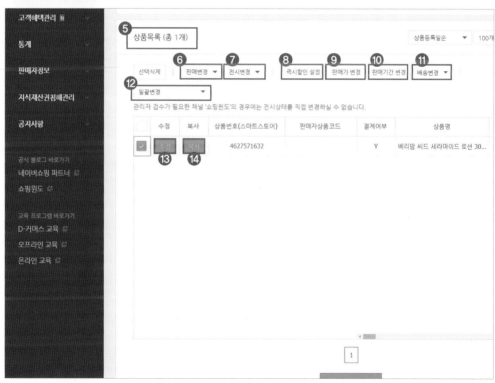

CHAPTER 07 스토어 디자인 꾸미기

스마트스토어는 스토어 디자인을 더 쉽고 빠르게 편집하기 위해 새로운 전시툴('신 전시툴')을 제공하고 있습니다. 가장 큰 특징은 첫째, PC와 모바일 스토어를 하나의 화면에서 뷰 모드만 전환하며 편집 가능합니다. 둘째, 컴포넌트 순서 변경과 노출 여부 지정, 각 컴포넌트 별 설정을 한 화면에서 할 수 있습니다. 셋째, 편집한 내용을 오른쪽의 미리보기 영역에서 바로 확인할 수 있습니다. 그동안 복잡했던 스마트 스토어 디자인을 누구나 쉽게 꾸밀 수 있도록 제공하고 있습니다

Q1 스마트스토어 공통관리 방법을 알려주세요.

스마트스토어 관리메뉴는 크게 [공통관리]와 [컴포넌트 관리]로 나뉘어 있습니다. 공통관리는 말 그대로 스토어의 전체영역에 영향을 주는 디자인이고 컴포넌트는 메뉴에 따라 달라지는 디자인입니다.

1. 쇼핑몰의 컬러테마를 선택합니다.

❶ [관리메뉴] ❷ [공통관리] ❸ [컬러데마] - [핑크색]을 선택합니다. 쇼핑몰 '리틀걸' 이름답게 핑크색을 선택했습니다. 여러분의 쇼핑몰 컨셉에 맞는 쇼핑몰 컬러를 선택해 줍니다.

2. PC GNB 위치를 선택해 줍니다.

GNB(Global Navigation Bar)는 어떤 페이지로 이동하던 공통으로 보여주는 메뉴를 말합니다. 우리 나라에서는 '메인 메뉴' 또는 '메인 카테고리'라고 불립니다. 모바일은 구조상 상단에 GNB가 위치하기 때문에 변경할 이유가 없지만 PC는 보통 상단 또는 사이드에 위치하게 선택을 해줍니다. ❶ [PC] 선택합니다. ❷ [PC GNB 위치]에서 상단형 또는 좌측형을 선택합니다. 팁은 효율적인 디자인 공간 활용을 위해 주로 상단형을 많이 선택합니다. 설정을 다 했다면 ❸ [전체 적용하기]를 클릭하여 설정을 마무리합니다.

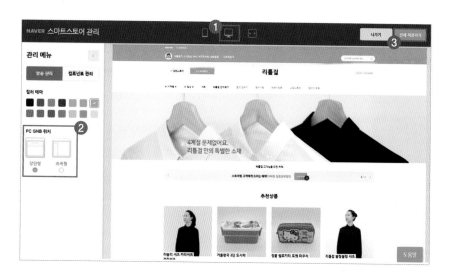

Q2 스마트스토어 컴포넌트 관리 방법을 알려주세요.

컴포넌트는 구성을 마치 레고(Lego) 블록을 쌓듯이 쉽게 할 수 있도록 하는 방식을 말합니다. 스마트 스토어는 어려운 디자인을 이렇게 컴포넌트 형식으로 하나하나 블록 쌓듯 디자인하고 각각 순서도 바꿀 수 있습니다.

1. 스토어 이름

❶ [스토어 이름]을 클릭합니다. 스토어명은 ❷ [로고형]와 ❸ [텍스트형]으로 구성되어 있습니다. 기본은 [텍스트형]이고 따로 로고를 그림 파일로 수정하고 싶을 때 [로고형]을 선택합니다. 로고 배경은 투명하게, 확장자 PNG, 24비트를 권장합니다. 로고는 주로 투명한 PNG를 사용하게 됩니다. JPG로 로고를 제작하면 배경색을 선택한 테마색과 비슷하게 해야 합니다. 그럼에도 불구하고 JPG는 테마색와 구별되어 보여 미관상 좋지 않으니 PNG로 투명하게 로고를 제작하길 권유해 드립니다. ❹ [가이드보기]를 선택하여 스마트스토어가 제안하는대로 로고를 제작합니다.

2. 카테고리&메뉴

❶ [카테고리&메뉴]를 선택합니다. 컴포넌트 관리에서의 [카테고리&메뉴]는 공지사항, 판매자 정보, 기획전, 묻고 답하기, 쇼핑스토리, 리뷰이벤트 등의 표시 설정을 할 수 있습니다.

가장 궁금해 하는 카테고리 메뉴 관리는 ❷ [스토어 전시관리 〉 카테고리 관리]에서 할 수 있습니다. 카테고리 관리는 [Q3 상단 카테고리 설정 방법을 알려주세요] 에서 설명되어 있습니다.

3. 프로모션 이미지

❶ [프로모션 이미지]는 우리가 흔히 부르는 메인 배너 역할을 담당합니다. ❷ [가이드 보기]를 클릭하여 이미지의 권장 사이즈를 확인할 수 있습니다. ❸ [입력한 제목이 없습니다]를 클릭하여 [모바일 이미지] 와 [PC 이미지] 사이즈대로 이미지를 업로드 합니다. [프로모션 이미지]는 상품 판매와 브랜딩 모두 탁월한 효과를 냅니다.

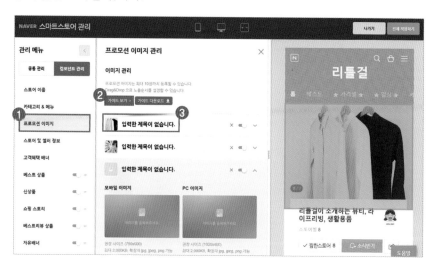

4. 스토어 및 셀러 정보

❶ [스토어 및 셀러정보]는 Today 방문자수, Total 방문자수 (PC에만 노출), 스토어데이터랩 (모바일에만 노출), 스토어등급 등을 설정할 수 있습니다. 단, 셀러 정보는 ❷ [스토어 전시관리 〉 스토어 관리] 에서 등록/수정할 수 있습니다.

참고로 스토어등급은 노출 설정하더라도, 스토어 등급이 낮거나 만족도 데이터가 없는 경우 우측의 미리보기 및 실제 스토어에 미노출됩니다. 새싹 및 씨앗 등급은 네이버 쇼핑 및 스마트스토어 사이트에서도 등급명과 아이콘이 미노출됩니다.

5. 고객혜택 배너

❶ [고객혜택 배너]는 고객에게 가장 강력한 프로모션 기능으로 사용됩니다. ❷ [미리보기]를 보면 이 배너의 특징을 알 수 있습니다. 즉, 어떻게 사용하는가에 따라 고객 구매전환율이 달라집니다. 참고로 고객혜택은 ❸ [고객혜택 관리 〉 혜택 조회/수정] 메뉴에서 확인할 수 있습니다.

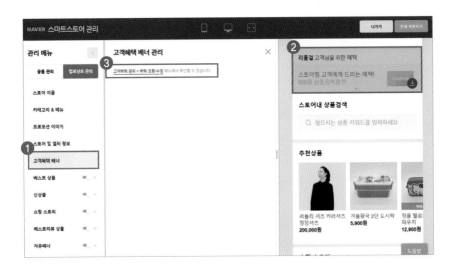

6. 베스트상품

❶ [베스트 상품]은 일간, 주간, 월간 많이 판매된 상품을 노출합니다. 마케팅 목적으로 제목을 수정하여 사용하는 것이 좋습니다. 예를 들어 ❷ [제목]을 "주간 RANKING" 적고 ❸ [상품 선정기준]을 [주간 베스트]로 놓는다면 일주일간 많이 팔인 상품이 노출되어 고객이 상품을 선택할 때 도움을 줄 수 있습니다. 스마트 스토어에서는 ❹ [주간 RANKING] 으로 노출되게 됩니다.

7. 신상품

❶ [신상품]은 실시간으로 최신 등록된 상품을 자동으로 노출합니다. 실제 초기 창업자분들은 매일 사입하거나 매일 상품등록을 할 수 없어서 신상품 노출을 꺼리게 됩니다. 신상품이라고 노출이 되지만 계속 같은 상품만 보이게 되기 때문입니다. 그렇기에 ❷ [제목]을 '추천상품' 등으로 수정하면 훨씬 더 자연스럽게 보여질 수 있습니다. ❸ [전시할 상품]의 수량을 조정할 수 있습니다.

8. 쇼핑스토리

❶ [쇼핑 스토리]는 마케팅 적으로 매우 중요한 부분입니다. 고객과 소통할 수 있는 공간이기 때문입니다. 상품이 어떻게 만들어졌고, 어떤 특징을 가졌는지 고객에게 설명하고 피드백을 받으면서 고객과의 접점을 늘리 수 있습니다. 쇼핑 스토리는 ❷ [스토어 전시관리 〉 쇼핑 스토리 관리] 에서 등록/수정할 수 있습니다. 쇼핑 스토리 만드는 방법은 곧 소개할 [Q5 쇼핑 스토리 만드는 방법을 알려주세요]에서 확인이 가능합니다.

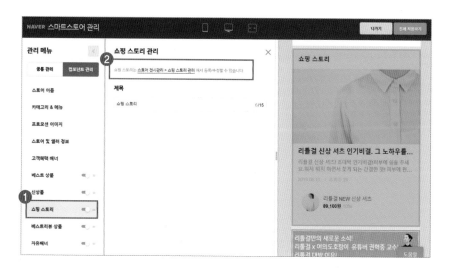

9. 자유배너

❶ [자유배너]는 스마트스토어 업데이트 전 [마케팅 배너]로 라는 이름으로 명칭 되어 있었습니다. 그만큼 마케팅을 위해서 꼭 사용해야 하는 기능입니다. 배너의 기능은 강력합니다. 판매자가 알리고 싶은 내용부터 프로모션 이벤트 알림까지 판촉(판매촉진)을 위해서 매우 필요한 기능입니다.

❷ [모바일 이미지]와 [PC이미지] 권장 사이즈 대로 홍보 이미지를 제작합니다.

❸ [이미지 링크]는 자유배너를 클릭했을 때 넘어가는 페이지 링크를 말합니다. 보통 랜딩페이지 라고 말하는데 랜딩페이지가 무엇인가에 따라 구매전환 되기도 하고 이탈하기도 합니다. 즉, 고객을 설득할 만한 이벤트 페이지로 링크를 걸어주시는 것을 권장합니다. 여기서는 상품링크 보다는 스마트스토어 [리뷰 이벤트] 주소로 지정하였습니다. 참고로 링크는 네이버에서 제공하는 서비스에 한하여 URL 등록 가능합니다.

10. 전체상품

❶ [전체상품]을 통해 내 스토어의 상품을 노출할 수 있습니다. 마케팅을 위해서 '전체상품'이라는 표현보다 ❷ [인기상품] 으로 이름을 수정해 줍니다. 그리고 ❸ [상품 선정기준]을 인기도순으로 정합니다. 그럼 고객들에게 인기도순으로 상품을 노출할 수 있습니다. 또한 누적 판매순, 낮은 가격순, 최신등록순, 리뷰 많은순, 평점 높은순을 선택할 수 있습니다. 마케팅 적으로 인기도순 또는 누적 판매순, 리뷰 많은순 등을 많이 선택합니다. 참고로 ❹ [전시할 상품]은 최대 50개까지 가능합니다.

11. 자유상품

❶ [자유상품]은 새로운 스토어 전시관리 중에서 가장 매력적인 기능입니다. 자유롭게 내 상품을 디자인해서 고객에게 노출할 수 있습니다. 예를 들어 ❷ [제목]에 '큐레이션 쇼핑' 이라고 입력합니다. ❸ [디자인 유형]에서 모자이크형을 선택한 후 ❹ [모자이크형 타이틀 관리]에서 제목과 부제목을 적어 디자인할 수 있습니다. 참고로 여기서는 디자인적 요소를 위해 제목을 쓰지 않고 바로 상대적으로 긴 글자를 넣을 수 있는 부제목(20자 이내)을 적성해 디자인했습니다. ❺ [우측 미리보기]를 통해 어떻게 노출 되는지 확인할 수 있습니다.

❻ [모자이크형 상품관리] 는 총 8개의 상품을 정해진 위치에 배치할 수 있습니다. 영역별로 상품과 대표 이미지를 등록해주세요.

12. 순서 정렬하기

❶ 각 컴포넌트의 순서를 이동할 수 있습니다. 정렬하고자 하는 컴포넌트를 마우스로 짚어서 원하는 위치에 이동시킵니다. 모든 설정이 끝났다면 ❷ [전체 적용하기]를 클릭하여 저장합니다. ❸ [나가기] 클릭하여 창을 닫습니다.

01 메인페이지 상단에 나오는 대분류 카테고리를 추가해 보겠습니다. [스토어 전시관리] - [카테고리 관리] 로 이동합니다. ❶ [전시 카테고리 생성 후 상품 카테고리 연결] ❷ [카테고리 추가]를 순서대로 클릭합니다.

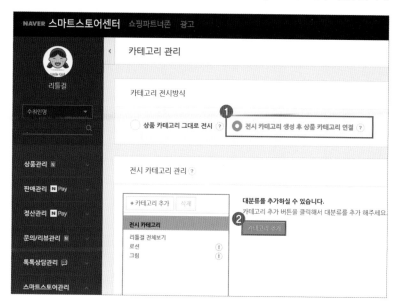

02 각 대분류에 원하는 ❶ [카테고리 이름]을 적습니다. 여기서는 [★ 가격별 ★] [★ 일상 ★] [셔츠] [니트] 등등으로 등록하였습니다. 카테고리 마케팅은 매우 중요합니다. 추천해 드리는 전략은 바로 큐레이션입니다. 예를 들어 상품을 가격별로 묶어 주고, 인기별로 묶어 주고, 때론 일상에서 입기 편한 옷을 보여주고, 캠퍼스에서 인기 있는 옷을 따로 보여주는 식입니다. 이렇게 큐레이션 해줄 때 고객은 반응합니다. ❷ [+]는 대분류를 더 추가하고 싶을 때 사용합니다. 마지막으로 ❸ [확인]을 하여 마무리합니다.

03 ❶ [카테고리 순서]는 메인 화면에서 보여주기 원하는 순서대로 화살표를 이용해서 순서를 변경합니다.
❷ [가격별]을 선택합니다. ❸ [카테고리 단위로 연결]을 선택합니다. ❹ [카테고리 찾기]를 클릭합니다.

04 ❶ [패션의류] - [여성의류] - [블라우스/셔츠]를 클릭하고 ❷ [선택]을 클릭합니다. 그럼 ❸ [선택한 상
품 카테고리]에 지정한 카테고리가 보입니다. 다시 말하면, 이 지정한 카테고리 안에 들어간 상품들을 보
여준다는 뜻입니다. 마지막으로 [확인]을 눌러 마무리합니다.

05 ❶ [상품 연결]에 지정한 카테고리가 확인됩니다. ❷ [정렬순서]는 고객이 카테고리를 클릭했을 때 어떻게 보여주길 원하는지 선택하게 됩니다. 여기서는 [가격별]이므로 ❸ [낮은가격순]을 선택합니다. ❹ 전시타입은 [큰이미지형]을 선택하고, ❺ [추천상품 영역노출]에서는 [노출 안 함]을 선택합니다. 마지막으로 하단의 [적용하기]를 클릭해 마무리합니다.

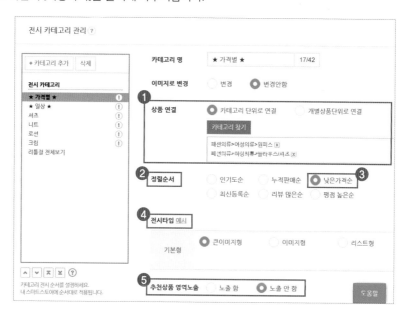

06 그럼 메인화면을 모니터링해보겠습니다. 다음 그림과 같이 카테고리가 노출되는 것을 확인할 수 있습니다. 그런데 보면 [★ 가격별 ★]은 나오는데 그 다음으로 지정한 카테고리가 나오지 않습니다. 아직 다른 카테고리에는 상품을 지정하지 않아서 노출되지 않은 것입니다. 위의 방식대로 상품을 지정하면 노출이 됩니다.

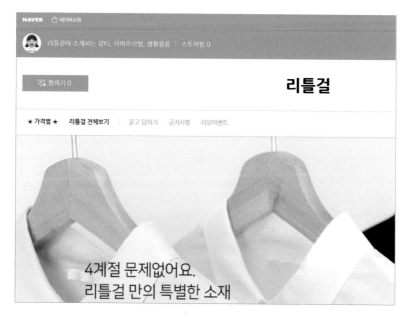

Q4 고수들이 쓰는 상단 카테고리 전략은 무엇인가요?

앞서 말씀드렸듯 카테고리 전략을 세우는 것이 매우 중요합니다. 꼭 큐레이션 카테고리가 있어야 합니다. 여기서는 [★ 일상 ★]이라는 카테고리에 트렌디하고 일상에서 입을 수 있는 옷들을 노출하여 판매를 늘리고자 합니다. 어떻게 지정하는지 잘 따라해 보세요.

01 전시 카테고리에서 ❶ [★ 일상 ★]을 선택합니다. ❷ [상품 연결]에서 ❸ [개별상품단위로 연결]하고, ❹ [상품찾기]를 클릭합니다. 새 창이 열리면서 ❺ [카테고리 검색]과 ❻ [카테고리 선택]을 합니다.

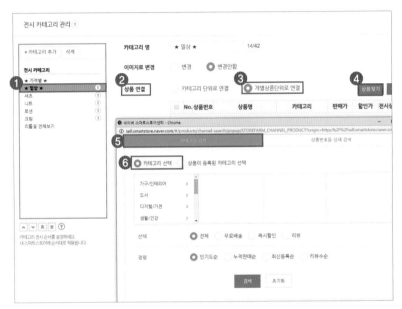

02 노출하고자 하는 상품을 ❶ [선택]하고 ❷ [상품등록]을 클릭합니다.

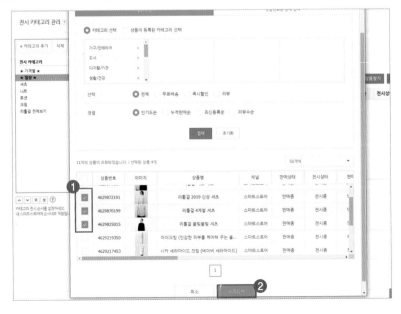

03 ❶ [상품 연결]이 된 것을 확인할 수 있습니다.
❷ [인기도순]으로 정렬합니다. 이때 원하는 순서대로 정렬해도 좋지만 [인기도순]을 추천해 드립니다.
하단의 [적용하기]를 클릭하여 마무리합니다.

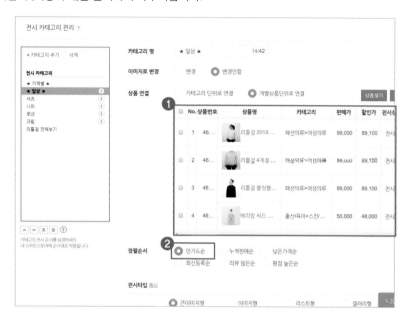

04 그럼 고객들에게는 어떻게 노출될까요? 모니터링해보겠습니다. 메인화면 카테고리에서 ❶ [★ 일상 ★]
을 클릭해봅니다. 지정한 대로 ❷ [인기도순]으로 상품들이 나열된 것을 볼 수 있습니다. 고객들은 이렇
게 하여 운영자가 의도한대로 상품을 보게 되고, 이를 구매하게 됩니다.

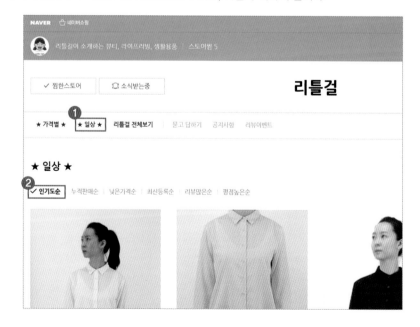

Q5 쇼핑 스토리 만드는 방법을 알려주세요.

쇼핑 스토리는 고객들과의 소통의 공간이자 내 쇼핑에 대한 다양한 이야기를 담아 마케팅할 수 있는 독립적인 공간이라고 볼 수 있습니다. 웹매거진 형태로 소식들을 올려서 고객에게 새로운 정보를 줄 수 있고, 운영자가 알리고자 하는 내용을 담은 블로그의 역할도 할 수 있습니다. 스마트스토어만이 가지고 있는 장점 중 하나라고 볼 수 있습니다. 쇼핑스토리를 많은 스마트스토어 운영자들이 잘 활용하지 못하고 있지만, 마케팅적으로는 매우 매력적인 공간입니다. 단, 쇼핑 스토리는 '트렌디형' 또는 '스토리형' 테마가 적용되어 있어야 전시됩니다. 지금부터 같이 만들어 보겠습니다.

01 ❶ [스토어 전시관리] ❷ [쇼핑 스토리 관리] ❸ [새 쇼핑 스토리 등록]을 차례대로 클릭합니다.

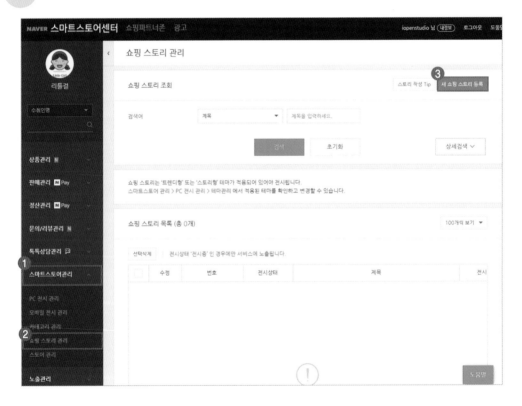

02 ❶ [제목]은 50자 이내로 적되, 메인에 노출되므로 길지 않게 적습니다. ❷ [쇼핑 스토리 상세]에는 역시 네이버 콘텐츠 작성 툴인 스마트에디터가 나옵니다. 블로그와 포스트를 작성하듯 고객과 소통하는 자세로 콘텐츠를 작성합니다.

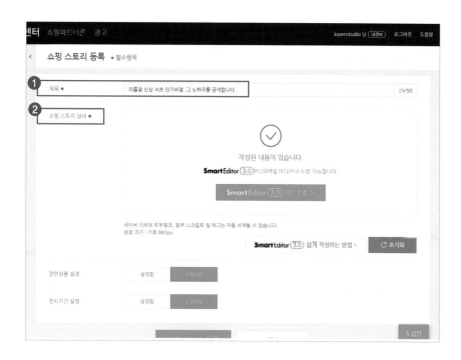

스마트에디터에서 사진과 동영상을 활용하여 쇼핑에 대한 관련 정보와 스토리를 작성합니다. 스마트에디터 우측 상단 [등록] 버튼을 클릭하여 마무리합니다.

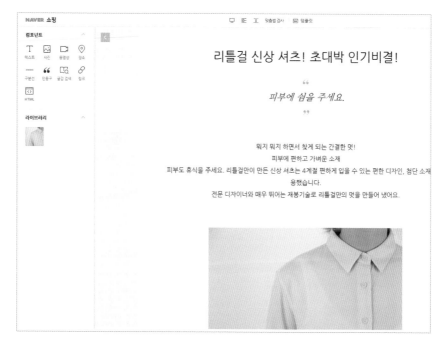

04 ❶ [관련상품 설정]에서 [설정함]을 선택하여 쇼핑스토리에 상품이 노출되도록 합니다. 고객은 블로그 보듯 글을 읽다가 관련 상품 페이지로 자연스럽게 이동하게 됩니다. ❷ [전시기간 설정]에서는 스토리 전시에 대한 기간설정이 가능합니다. 마지막으로 [쇼핑스토리 등록]을 클릭해 마무리합니다.

05 그럼 쇼핑몰에서는 어떻게 전시되는지 확인해 보겠습니다. 메인 화면에 [추천상품] 아래 [마케팅배너] 위에 노출되고 있음을 확인할 수 있습니다. 쇼핑 스토리는 마케팅적으로 매우 훌륭한 기능이니 꼭 활용하길 권유 드립니다. 혹시 잘 따라 했는데도 전시가 안 된다면 앞서 배운 [PC전시관리] - [레이아웃관리]에서 [쇼핑스토리]의 위치 설정이나 활성화 여부를 확인하시길 바랍니다.

Q6 팝업 만드는 방법을 알려주세요.

쇼핑몰에서 팝업은 공지사항도 되고 때론 이벤트 소식을 알리는 공간도 되는 등 많은 역할을 합니다.
이번에는 스마트스토어에서 팝업을 어떻게 만드는지 알아보겠습니다.

01 ❶ [상품관리] ❷ [공지사항 관리] ❸ [새 상품 공지사항 등록]을 차례대로 클릭합니다.

02 ❶ [분류]를 클릭하면 [일반], [이벤트], [배송지연], [상품]으로 나뉘어져 있습니다. 여기서는 스마트스토어 마케팅에서 중요한 스토어찜, 소식알림(구 톡톡친구) 확보를 위한 마케팅을 하고자 [이벤트]를 설정했습니다. ❷ [제목]을 입력하고, ❸ 스마트에디터로 콘텐츠를 만들어 줍니다.

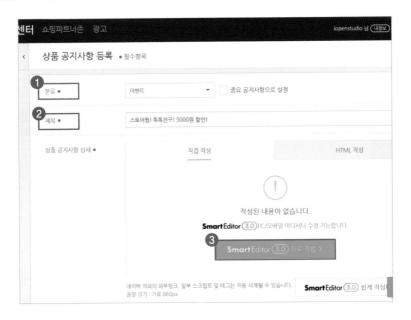

03 ❶ [사진] 클릭하고 원하는 팝업 이미지를 삽입합니다. 여기서는 팝업을 500×500px로 만들었습니다. 팝업을 클릭하면 이동할 수 있도록 ❷ [URL]을 클릭하여 원하는 사이트 링크 주소를 넣습니다. 우측 상단에 있는 [등록] 버튼을 클릭하여 작성을 마무리합니다.

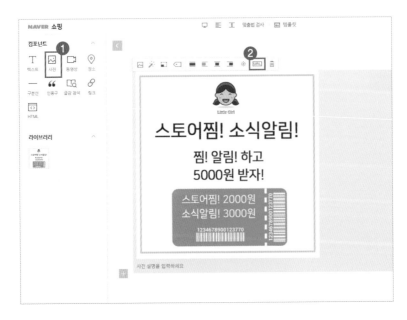

04 ❶ [전시위치]는 [전체]로 하여 PC나 모바일 모두에서 보이도록 합니다. ❷ [전시기간 설정]을 통해 공지 사항의 노출 기간을 설정할 수 있습니다. ❸ [팝업사용]은 공지사항을 팝업으로 사용할 수 있도록 하는 기능으로, 처음부터 팝업용으로 만들었기에 [설정함]을 선택합니다. 팝업 노출 ❹ [기간]을 정하고, 마지막으로 ❺ [상품 공지사항 등록]으로 마무리합니다.

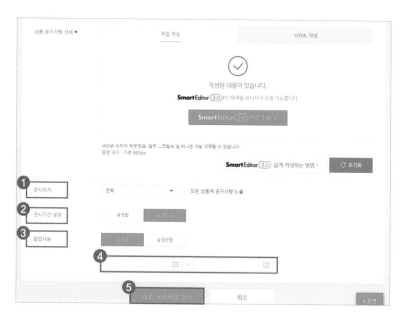

05 그럼 모니터링해보겠습니다. 팝업이 잘 표현되고 있는 것을 확인할 수 있습니다.

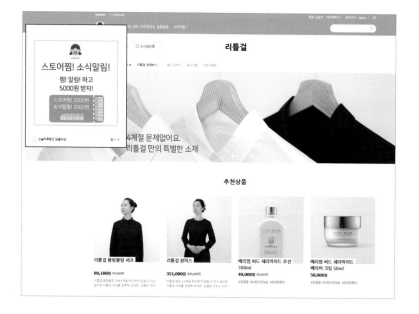

CHAPTER

08 판매관리, 배송관리

스마트스토어센터 메인 페이지를 보면 모든 현황을 일목요연하게 볼 수 있습니다. 신규주문을 어떻게 확인하고, 어떻게 실제로 발주 또는 발송을 하는지 예시를 통해 알아보겠습니다.

01 스마트스토어센터 메인페이지에는 주문현황이 보입니다. [신규주문]을 보면 신규주문이 1건 있습니다.

02 ❶ [판매관리] ❷ [주문 조회]를 클릭하면, ❸ [조회기간] 설정이 가능합니다.

❹ [주문목록]을 보면 2건의 주문이 들어왔습니다. 그런데 메인페이지에서는 분명 신규주문이 1건이라고 보였습니다. 그 이유는 2건 중 1건은 고객이 취소를 했기 때문입니다. 여기서 중요한 것은 운영자가 발주하기 전까지 고객은 언제든 취소할 수 있다는 점입니다. 즉, 현재 운영자가 [발주확인완료]를 하지 않았기 때문에 고객이 그 사이 취소를 한 것입니다. 반대로 운영자가 [발주]를 시작하면 구매자는 임의로 취소를 하지 못합니다. 이러한 상태는 운영자나 고객에게 아무런 페널티는 없습니다. 다만 그냥 취소가 되어서 운영자에게는 신규주문으로 보이지 않게 될 뿐입니다.

03 ❶ [발주/발송 관리]를 클릭하면, ❷ [발주/발송에 대한 현황판]이 보입니다. 한눈에 보이기 때문에 나중에 수량이 많아지고 주문량이 많아도 단번에 파악할 수 있습니다. ❸ [조회기간]을 설정하여 발주/발송의 상세조회가 가능합니다. ❹ [신규주문]을 클릭합니다.

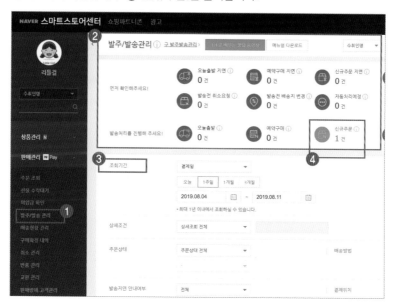

04 먼저 배송할 상품을 ❶ [체크] 합니다. 그리고 나서 ❷ [배송방법]을 선택하는데, 대부분 [택배]입니다. ❸ [택배사]를 선택하고 ❹ [송장번호]를 입력한 다음, ❺ [선택건 적용]을 클릭합니다. 그럼 선택한 주문에 적용이 됩니다. 마지막으로 ❻ [발송처리]를 클릭합니다.

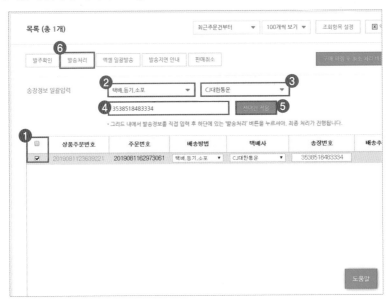

05 발송처리에 대한 팝업창이 열리고 [확인]을 클릭합니다.

06 팝업 메세지로 배송처리가 완료되었다고 나오면, ❶ [확인]을 클릭합니다. 여기까지 왔다면 [발주확인 완료] 상태이기 때문에 구매자 임의로 주문취소 및 주문정보 수정을 할 수 없습니다. 단, 주의할 점은 결제완료일로부터 3영업일 이내에 발송이 가능한 경우에만 발주확인 처리를 해야 한다는 것입니다. 발주확인이 완료된 이후 발송기한 경과 시까지 상품 발송이 완료되지 않으면, 구매자 임의 취소 처리가 가능합니다.

07 ❶ [배송현황 관리]를 통해 ❷ [배송중]인 배송현황을 파악 할 수 있습니다.

Q2 발송이 지연될 경우 어떻게 해야 할까요?

주문이 오면 꼭 발송기한까지 발송을 완료해야 합니다. 하지만 스토어를 운영하다 보면 소싱의 문제나 택배사의 문제 또는 내부적인 일 등 예상하지 못한 일로 3영업일 이내에 발송이 어려울 수 있습니다. 그럴 때는 반드시 '발송지연 안내'를 보내야 합니다. 그 방법을 알아보겠습니다.

[발주/발송관리]에서 주문건에 대한 ❶ [발송기한]을 확인합니다. ❷ [주문정보표]를 오른쪽으로 움직이면 [발송기한]을 확인할 수 있습니다. 이 기간 안에 발송이 안 되면 ❸ [발송지연 안내]를 클릭하여 지연 안내 메시지를 남깁니다.

주의할 점은 발송지연 안내 처리는 1회만 가능하고, 발송기한은 결제일로부터 최대 90일 이내 날짜만 입력 가능하며 수정이 불가하다는 점입니다. 또한 발송기한 및 발송지연 사유는 입력 후 수정이 불가하므로 처음 작성할 때 최대한 친절하고 명확하게 입력해야 합니다.

Q3 구매 확정이 중요하다는데 왜 그럴까요?

구매 확정은 고객이 나의 상품을 구매했다는 것을 네이버 스마트스토어에 확인시켜주는 기능입니다. 왜 이런 프로세스가 필요할까요? 바로 정산 때문에 그렇습니다. 상품이 판매되면 네이버 스마트스토어 플랫폼이 운영자에게 판매대금을 정산해줘야 하는데, 물건이 잘 배송이 되었는지, 구매과정

중 소비자가 불편하지 않았는지, 구매가 최종적으로 완료가 되었는지 등을 확인하고 판매대금을 정산하게 됩니다. 그 기준일이 되는 것이 바로 구매 확정일입니다. 그래서 소비자는 상품을 받은 후 구매 확정을 하게 되고, 네이버는 판매자에게 수수료를 제외한 판매대금을 '구매 확정일 + 영업일 1일' 원칙에 따라 정산하게 됩니다.

그럼 소비자가 구매 확정을 안 하고 있다면 운영자 입장에서는 계속 기다려야 하는 것일까요? 그렇지 않습니다. 만약 배송이 완료되었음에도 고객이 구매확정을 터치하지 않으면 네이버는 배송완료일을 기준으로 8일째 되는 날을 구매확정일로 자동 선택합니다. 그렇게 되면 그 다음날(영업일 1일)에 정산이 됩니다. 이런 시스템을 자동 구매 확정이라고 부릅니다.

참고할 내용은 배송추적이 불가한 퀵서비스 등 배송완료를 확인할 수 없는 주문은 발송처리일로부터 28일째 되는 날 자동 구매 확정 된다는 것입니다. 또한 출고지가 해외주소인 상품 및 예약구매 상품이라면 발송처리일로부터 45일째 되는 날 자동 구매 확정 됩니다.

구매 확정 내용을 확인하는 방법은 ❶ [구매확정 내역]으로 이동하여 구매 확정에 대한 조회가 가능합니다. ❷ [목록]을 보면 ❸ [구매확정] 된 내용을 볼 수 있습니다. ❹ [구매확정 후 취소처리]를 통해 구매를 확정한 이후의 취소처리가 가능합니다.

CHAPTER

09 정산관리

Q1 배송 후 판매금액은 언제, 얼마나 받을 수 있나요?

고객이 구매 확정을 했다면 이제는 정산을 할 차례입니다.

01 ❶ [정산관리]를 클릭합니다. 상품이 판매된 상태에서 처음 정산관리를 선택하면 ❷ [세금계산서 발행 동의]를 받게 됩니다. 세금계산서는 PART 01에서 설명하였으니 참고 바랍니다. 네이버와 판매자 간의 거래가 성립되기에 세금계산서가 필요하게 됩니다.

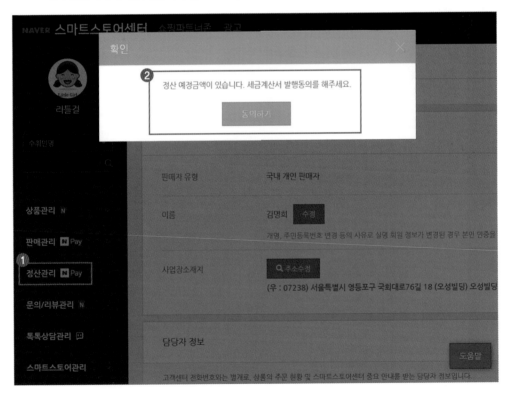

02 ❶ [나의 정산 방식]은 계좌이체 또는 충전금으로 지급받을 수 있습니다. 참고로 [정산방식]은 스마트스토어 왼쪽 메뉴에 있는 [판매자정보] - [판매자정보]에서 수정할 수 있습니다. 만약에 정산방식 변경 및 정산계좌 수정을 했다면 +1영업일 이후 반영됩니다. ❷ [나의 정산 주기]는 정산대금을 받는 주기로, 구매확정일 +1영업일입니다. ❸ [나의 정산 예정일]은 구매자가 구매 확정한 날짜를 기준으로 구매확정일 +1영업일째 되는 날 정산됩니다. 하단의 [조회하기] - [검색]을 클릭하여 정산내역을 확인합니다.

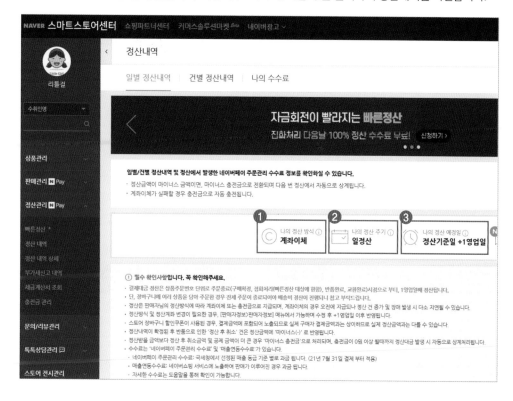

03 ❶ [일반정산금액]은 실제 네이버가 운영자에게 보내주는 돈으로, 결제금액에서 수수료합계를 제외한 금액입니다. ❷ [결제금액]은 고객이 실제 결제한 금액으로 주의할 점은 택배비까지 포함하여 나온다는 것입니다. ❸ [수수료합계]는 결제금액에서 수수료가 총 얼마나 나왔는지 보여줍니다.

예를 들어보겠습니다. A 고객님은 10,000원의 셔츠를 1개 주문하며 방문수령으로 택배비가 들지 않았습니다. 또한 네이버쇼핑에서 주문하지 않고 직접 쇼핑몰URL을 입력하여 방문 후 주문하였습니다. 같은 날에 B라는 고객은 10,000원의 셔츠를 1개 주문하고 택배로 요청하여 3,000원을 선결제했습니다. 그리고 네이버쇼핑에서 주문을 하였습니다.

주문일	고객	결제금액	택배	주문경로
2월 7일	A	10,000	방문수령 0원	쇼핑몰 URL 직접방문
2월 7일	B	10,000	택배비 3,000원	네이버쇼핑에서 주문

2월 7일 정산은 일반정산금액 21,966원, 결제금액 23,000원, 수수료합계 1,034원 이 나왔습니다. 과연 어떻게 계산되어 저 금액들이 나왔을까요? 자세한 정산내역은 다음 단계인 [정산내역 상세]에서 확인할 수 있습니다.

▲ 정산내역 및 목록

Q2 정확한 스마트스토어 수수료 계산법을 알고 싶어요.

01 일단 ❶ [정산관리] ❷ [정산 내역 상세]로 이동하여, ❸ [조회기간]을 설정하고 검색합니다. ❹ [수수료]는 ❺ [네이버페이 주문관리 수수료]와 ❻ [네이버쇼핑 매출연동 수수료]로 나눌 수 있습니다.

▲ 정산 내역 및 목록

주문일	고객	결제금액	택배	주문경로	네이버페이 주문관리 수수료	네이버쇼핑 매출연동 수수료
2월 7일	A	10,000	방문수령 0원	쇼핑몰 URL 직접방문	−363	0
2월 7일	B	10,000	아래 별도 계산	네이버쇼핑에서 주문	−363	−200
2월 7일	B	3,000	택배		−108	0
합					−834	−200

 네이버는 21년 7월 31일부터 결제 수단별 구분(신용카드, 계좌이체, 무통장이체 등등)을 없애고 수수료를 단일화하여 영세·중소 사업자에게는 우대 수수류율을 적용하였습니다. 또한 22년 1월 31일에 수수료 인하 개정을 하였습니다.

> 영세 (매출액 ~3억원) : 1.980%
> 중소1 (매출액 3억 ~ 5억 원) : 2.585%
> 중소2 (매출액 5억 ~ 10억 원) : 2.750%
> 중소3 (매출액 10억 ~ 30억 원) : 3.025%
> 일반 : 3.630%

예를 들어, A 고객은 10,000원 결제하였기에 10,000 x 3.63% = 363 원의 주문관리 수수료가 발생하였습니다. 쇼핑몰 링크를 통해 주문하였기에 네이버쇼핑 매출연동 수수료가 발생하지 않았습니다.

반면, B 고객은 조건이 다릅니다. B 고객은 택배비도 결제하였고, 무엇보다 네이버쇼핑을 통해 주문하였기에 수수료가 다르게 계산됩니다.

일단, 10,000 원 결제에 대한 10,000 X 3.63% = 363원 주문관리 수수료가 발생했습니다.

또한 택배비 3,000 X 3.63% = 108원 주문관리 수수료가 발생했습니다.

네이버쇼핑 매출연동 수수료(2%) 10,000 X 2% = 200원 수수료가 발생했습니다.

이제 확실히 이해되시죠?

판매된 후 모든 수수료는 이미 스마트스토어 관리자 페이지에 나오지만, 만약 예상 수수료가 궁금하다면 PROPR 홈페이지(http://propr.co.kr) [도서 출판] 게시판에 예상 수수료 엑셀파일을 올려두었습니다. 필요하신 독자들을 위해서 올려놨으니 다운로드하여 사용하시면 됩니다.

		일반		영세		중소1		중소2		중소3	
		주문관리 수수료	매출연동 수수료	주문관리 수수료	매출연동 수수료	주문관리 수수료	매출연동 수수료	주문관리 수수료	매출연동 수수료	주문관리 수수료	매출연동 수수료
		3.630%	2%	1.980%	2%	2.585%	2%	2.750%	2%	3.025%	2%
판매금액	10000	363	200	198	200	258.5	200	275	200	303	200
배송비	3000	109		59.4	0	77.55	0	83	0	91	
각 수수료		472	200	257	200	336.05	200	358	200	393	200
수수료 합			672		457		536		558		593
최종정산금액			12,328		12,543		12,464		12,443		12,407

<네이버 스마트스토어> 결제수료 계산기
("네이버 스마트스토어 만들기" 저자 권혁중 교수 제작, pucc@naver.com, 무단 활용 금지)

▲ 예상 수수료 계산 예시

CHAPTER

10 문의/리뷰관리

Q1 리뷰 이벤트 설정 방법을 알려주세요.

스마트스토어의 가장 큰 장점은 리뷰라고 볼 수 있습니다. 스마트스토어의 리뷰는 실제 네이버 상품 검색할 때 노출이 되어 판매자에게 중요한 마케팅 도구가 됩니다. 또한 고객들에게는 판매자의 광고가 아닌 실제 사용자들의 후기이기에 더욱 신뢰가 가고, 그렇게 스마트스토어의 생태계가 더욱 발전할 수 있게 됩니다. 물론 소수의 불법적인 마케팅 업체들이 돈을 받고 리뷰를 조작하여 생태계를 혼란스럽게 하지만, 그럼에도 불구하고 리뷰는 네이버 스마트스토어나 판매자, 고객들에게 꼭 필요한 기능입니다.

리뷰의 중요성 덕분에 네이버 스마트스토어가 새로운 기능을 출시했습니다. 바로 '리뷰 이벤트'입니다. 원리는 간단합니다. 리뷰 마케팅을 잘 활용 못하는 운영자들을 위해서 리뷰를 가지고 마케팅에 쓸 수 있도록 기능화했다고 보시면 됩니다. 판매자가 직접 리뷰 이벤트를 등록하고, 베스트리뷰를 선정하여 고객에게 그에 대한 혜택을 지급할 수 있습니다. 고객들은 당연히 이런 이벤트에 응모하여 재미와 이익을 얻을 수 있습니다. 그럼 실전에 적용해 보겠습니다.

01 우리의 리뷰 마케팅 목적은 신상품에 대한 관심을 유도하고 판매촉진을 위한 리뷰를 받는 것입니다. 그렇기 위해서 '리뷰 이벤트'를 활용하겠습니다. 먼저 ❶ [문의/리뷰관리], ❷ [리뷰이벤트 관리]를 차례대로 클릭합니다. ❸ [리뷰 이벤트 등록]을 선택하면 ❹ [사전 동의]에 확인합니다.

02 ❶ [이벤트 제목]을 입력하고 ❷ [이벤트 적용 대상]을 정합니다. 이때 이벤트 적용 대상은 [스토어 전체]를 선택해서 스토어 전체 모든 상품에 대한 리뷰 이벤트를 해도 되고, [특정 카테고리]를 선택해 특정 카테고리의 상품만 리뷰 이벤트 대상이 되어도 상관없습니다. 하지만 우리의 마케팅 목적이 신상품에 대한 집중적인 홍보와 판매, 그리고 리뷰를 쌓기가 목적이기에 ❸ [상품설정]을 통해 신상품만 설정하겠습니다. 그다음 ❹ [상품 불러오기]를 클릭하여 원하는 특정 신상품을 선택합니다.

03 ❶ [이벤트기간]에서 이벤트 진행 기간을 설정합니다. 참고로 이벤트 시작일은 등록일 다음 날부터 시작됩니다. 주의할 점은 시작일이 지나면 이벤트 정보 수정을 할 수 없다는 것입니다. ❷ [발표일]에서는 베스트 리뷰 당첨 발표일을 선택합니다. 베스트 리뷰에 당첨에 몇 명을 뽑을 것인지 ❸ [선정 리뷰 수]에 숫자로 입력합니다. 예를 들어 선정된 고객이 2명일 경우, 설정한 포인트 혜택이 2명에게 돌아갑니다. ❹ [포인트혜택]은 여기서는 3,000원으로 적었습니다. 즉, 베스트 리뷰 당첨자 수가 2명이므로 선정된 리뷰 작성자 개별로 각각 3,000원이 지급됩니다. 운영자 입장에서는 이벤트 예산으로 총 6,000원이 사용됩니다. 베스트리뷰 선정 발표 시점에 설정하신 혜택이 자동 지급됩니다.

어떤 리뷰를 받고 싶은지 선택할 수 있는 ❺ [이벤트 내용]을 설정합니다. 영상마케팅을 활용하기 위해서 혜택이 클수록 영상 리뷰를 받는 것이 더 좋은데, 이는 적극적으로 고객들의 신상품 후기 또는 개봉 촬영 영상 리뷰를 올리도록 유도할 수 있기 때문입니다.

예시가 필요하면 ❻ [노출 예시보기]를 클릭하고, 마지막으로 ❼ [저장] 버튼을 클릭하여 마무리합니다.

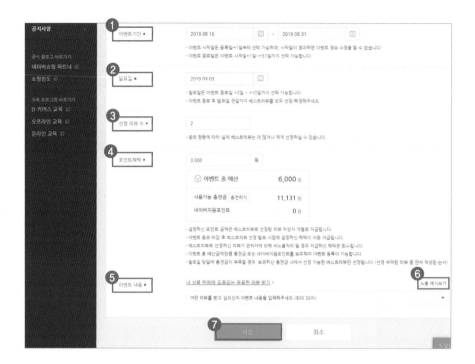

04 리뷰 이벤트가 노출된 예시입니다. 이처럼 진행 중인 리뷰 이벤트는 이벤트 대상 상품의 상세 화면과 리뷰 작성 화면에 자동 안내됩니다.

▲ 리뷰 이벤트 노출 예시

05 그럼 실제 스마트스토어에서 어떻게 노출되는지 리뷰 이벤트를 등록한 상품과 아닌 상품의 차이를 보겠습니다. 먼저 ❶ [리뷰]에 Event 마크가 생깁니다. 또한 상품리뷰에 ❷ [리뷰 이벤트] 배너가 노출되는 것을 볼 수 있습니다.

▲ 리뷰 이벤트를 등록한 상품

▲ 리뷰 이벤트를 등록하지 않은 상품

05 베스트 리뷰가 선정되면 상품 상세 화면의 '스토어PICK' 영역에 자동 노출됩니다. 여기서 주의할 사항이 있습니다. 리뷰 이벤트에 응모된 리뷰를 상품 설명 및 광고 등에 활용하시려면 별도 고객의 동의가 필요합니다. 즉, 베스트 리뷰를 운영자 입맛에 맞게 재가공 및 편집하여 사용하려면 리뷰 콘텐츠 저작권자인 고객에게 별도의 허락을 구해야 합니다. 아마도 이런 사용 허락의 문제가 많이 일어날 것으로 보입니다. 운영자 입장에서는 이런 좋은 리뷰는 마케팅 소재로 너무나 좋기에 스마트스토어 리뷰 이벤트 이외에 사용하고 싶어 할 것이지만, 만약 허락 없이 사용하게 되면 법적인 문제가 될 여지가 많습니다. 그러니 리뷰 이벤트 범위 외에 사용한다면 꼭 고객의 동의를 구하시길 권유 드립니다.

CHAPTER

11

노출관리

Q1 기획전이 무엇인가요? 등록 방법을 알려주세요.

스마트스토어 기획전이란 네이버 쇼핑 안에서 내 상품을 다양한 방식으로 홍보, 판매할 수 있는 마케팅 플랫폼입니다. 행사 콘셉트에 따라 다양한 형태로 운영이 됩니다. 크게 상품할인, 쿠폰 발행(스토어찜, 소식알림), 포인트 적립으로 나눌 수 있습니다. 이번 실습에서는 스토어찜 쿠폰 이벤트를 진행해보겠습니다.

01 ❶ [노출관리] - [기획전 관리]를 클릭하고, ❷ [신규 기획전 등록]을 클릭합니다.

02 ❶ [기획전 타입]에서 원하는 이벤트 성격을 선택합니다. 마케팅 판촉에서 많이 사용하는 할인과 쿠폰, 포인트 중에서 선택이 가능합니다. 여기서는 스토어찜을 늘리기 위한 마케팅 방안으로 스토어찜 쿠폰을 선택했습니다.

네이버 쇼핑 안에서 어떤 카테고리를 노출시킬지 ❷ [카테고리]를 선택합니다.

❸ [기획전 제목]에 45자 이내의 기획전 제목을 입력합니다.

❹ [태그명]은 상단 배너에 노출되는 태그로, 스타일이나 감성을 나타내는 태그 중심으로 입력합니다.

❺ [기간]에서는 이벤트를 할 기간을 설정합니다. 기간은 영업일 기준으로 등록일 3일 이후 시작, 진행 기간은 최소 3일 ~ 최대 14일 이내로 설정을 합니다.

03 ❶ [상단배너(모바일)]은 가로 750, 세로 420px의 사이즈를 권장합니다. 노출되기에 스토어의 성격을 가장 잘 보여줄 수 있는 사진을 등록합니다. 마찬가지로 ❷ [상단배너(PC)]는 PC에 노출할 이미지를 선택합니다.

❸ [핫딜 특가소식 배너]에 이미지를 등록하면 핫딜 특가소식에 노출됩니다. 핫딜을 원하지 않으면 사진을 등록하지 않아도 됩니다.

❹ [상단배너 타이틀]에는 이벤트가 무엇인지 명확한 제목을 입력합니다.

 ❶ [섹션명]에 섹션 이름을 설정합니다.

❷ [전시유형]으로는 '이미지 강조형'을 추천해 드립니다. 물론 성격에 따라 다양한 전시유형을 활용해 볼 수 있지만, 전면에 노출되는 이미지 강조형이 마케팅 적으로 보면 매우 강력한 효과를 발휘합니다.

❸ [섹션별 태그 등록]에는 하나씩 태그를 넣고 추가를 클릭합니다. 이 태그들은 검색에 반영되기에 매우 중요합니다. 그러므로 네이버 검색 정보로 활용할 수 있으며, 카테고리를 나타내는 태그 중심으로 입력해야 합니다. 네이버 검색 시 해당 태그로 검색되어 노출될 수 있습니다.

마지막으로 ❹ [섹션추가]를 클릭합니다.

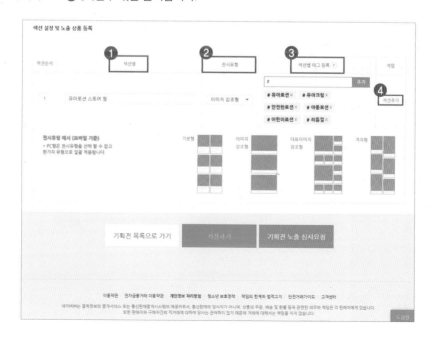

05 만약 기획전 성격이 상품에 대한 할인이라면, [섹션추가] 이후 나타나는 [상품관리]를 클릭하여 상품을 지정합니다. 즉, [섹션추가]를 선택해야 [상품관리] 버튼이 보입니다.
먼저 ❶ [상품찾기]를 클릭하고, 상품을 ❷ [선택] 합니다.
그리고 ❸ [상품등록]으로 마무리합니다. 이때 상품등록은 11개 이상이 되어야 합니다.

06 네이버 기획전 및 네이버 쇼핑 소재로 노출을 원할 시에는 반드시 [심사요청]을 해야 합니다. 일단 ❶ [기획전 관리]를 클릭하고, ❷ [심사요청]을 클릭합니다. 그렇게 되면 네이버 스마트스토어 담당자가 노출 여부를 심사하게 됩니다.

다음은 기획전 심사상태에 따른 노출 적용 단계를 정리한 것입니다. 숙지하시기 바랍니다.

심사상태	설명	수정	중단	노출		
				스마트스토어	기획전	네이버쇼핑 소재
기획전 저장	기획전 설정 완료	O	O	O	X	X
심사요청	심사요청을 한 상태	O	X	O	X	X
심사완료	심사완료 승인	X	X	O	O	O
승인거부	내부기준에 의해 승인거부	O	O	O	X	X

▲ 기획전 심사상태에 따른 노출 적용 단계

Q2 럭키투데이가 무엇인가요? 등록 방법을 알려주세요.

럭키투데이는 스마트스토어의 대표적인 프로모션 기능으로, 판매자가 프로모션할 상품을 직접 선정하고 등록 할 수 있는 '오픈 플랫폼 서비스'입니다. 판매자는 할인 판매 촉진 전략으로 상품을 특가로 제공하여 매출을 올리고, 고객은 그만큼 싼 가격에 구매할 수 있어 활용도가 매우 높은 마케팅 툴입니다. 네이버는 트래픽 가치만큼 상품 가격을 할인하는 Barter Deal 형식으로 진행된다고 말하지만, 사실 럭키투데이의 가장 큰 매력은 노출에 따른 매출 증대라고 볼 수 있습니다. 럭키투데이에 검수가 통과되면 네이버 쇼핑 특정 위치에 노출이 되어, 트래픽 증가에 따라 매출이 상승하게 됩니다. 상품의 구매 전환율이 중요하겠지만, 럭키투데이에 노출이 되면 확실하게 트래픽이 증가하여 그만큼 매출에 도움이 됩니다. 그럼 등록방법을 알아보겠습니다.

01 ❶ [노출관리] ❷ [럭키투데이 제안 관리]를 선택하고, ❸ [제안 등록하기]를 클릭합니다.

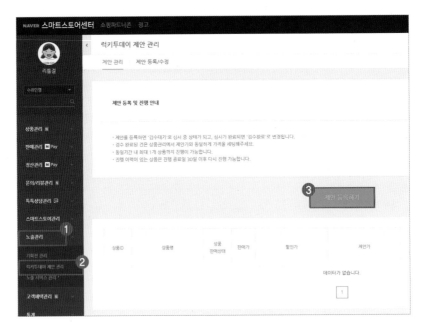

02 ❶ [스마트스토어 상품찾기]를 클릭하여 이벤트할 상품을 선택합니다.
그럼 ❷ [상품명]과 ❸ [판매가], ❹ [할인가] 등이 자동으로 설정됩니다.

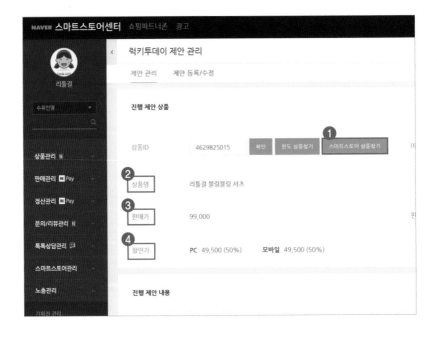

이제는 어떻게 럭키투데이를 진행할 것인지 적용해 보도록 하겠습니다.

일단 ❶ [노출영역]은 [모두]를 선택합니다.

❷ [제안가]는 이미 할인된 가격과 동일하게 체크가 됩니다. 주의사항으로는 이미 설정한 할인가와 제안한 할인가가 같아야 한다는 것입니다. 다르면 진행이 되지 않습니다.

❸ [럭투이미지]를 등록합니다. 많은 럭키투데이 신청이 이미지 등록 때문에 반려되곤 합니다. 예를 들어 배경에 색이 있다거나 여백이 너무 많은 경우 또는 분할그림이 3개로 나뉘어져 있는 경우 등 까다로운 부분이 있습니다. 뒤이어 설명할 [Q3. 럭키투데이 주의사항을 알려주세요.]를 꼭 참고하시고 이미지를 제작해야 합니다.

04 ❶ [럭투상품명]을 적습니다. 럭키투데이 상품명에 쓰지 말아야 할 규칙들을 정리한 내용은 다음에 나올 Tip을 참고하시길 바랍니다.

Tip: 럭투상품명을 입력할 때 주의할 점

- 상품명에 쇼핑몰 이름 노출 불가
- 전자제품 이외의 품번 기재 불가
- 특수문자 사용 불가
- 미확인 홍보성 문구 노출 불가 (예 : 판매 1위, 주문 폭주 등)
- 할인율, 상품가격, 무료배송 노출 불가
- 상품 글자 수 초과 불가
- 추상적인 문구 지양 (예 : 봄바람 살랑살랑 불어와 스커트 등)
- 연예인 이름 사용 불가

❷ [진행기간]을 설정합니다. 최소 진행 기간은 3일(72시간), 최대 진행기간은 14일입니다. 최소 진행기간 이하로 설정하면 반려처리 됩니다.
마지막으로 ❸ [저장]을 클릭합니다.

05 ❶ [럭키투데이 제안 관리]를 클릭하면 검수 대기 중이나 검수완료 등 진행 상황을 체크할 수 있습니다. 혹시 ❷ [제안가]에 [할인미적용]과 같은 메시지가 나온다면, 앞서 말한 실제 할인가와 할인 제안가가 일치하지 않아서 생긴 현상이므로 수정하여 동일하게 해주어야 합니다.

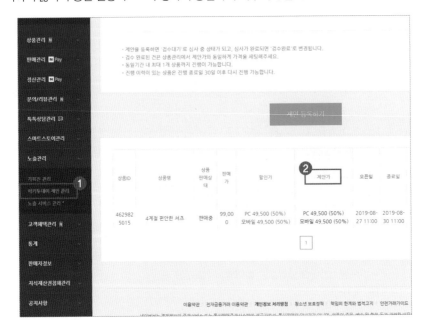

Q3 럭키투데이 주의사항을 알려주세요.

1. 럭키투데이 필수 조건

(1) 동일 상품(혹은 카테고리 유사 상품) 중 최저가여야 합니다.

(2) 동일 기간 내에 1개의 상품만 진행이 가능합니다.

(3) 한 번 진행한 제품은 1개월 후 재등록이 가능합니다.

(4) 할인율이 0%인 상품은 진행이 불가합니다.

(5) 할인율이 70% 이상인 경우 어뷰징으로 의심받습니다. 비현실적인 할인율은 자제합니다.

(6) 전체연령 구매 가능 상품만 진행 가능합니다.

(7) 72시간 이상 진행해야 합니다.

(8) 진행 중 품절인 경우 대체 상품으로의 교체가 불가능합니다. 새로 등록을 해야 합니다.

(9) 브랜드 및 해외 배송 상품인 경우 정품 관련 서류를 필수로 첨부해야 합니다.

(10) 캐릭터 상품은 본사 직영몰이나 본사 확인 상품만 가능합니다.

(11) 기존에 CS 처리 및 배송에 문제가 있는 상품은 불가능합니다.

(12) PC와 모바일 제안가가 동일해야 합니다.

(13) 재고 수량이 충분해야 합니다.

(14) 모바일 상세보기가 가능한 상품이어야 합니다.

(15) 대표 이미지와 상세페이지 상품이 다른 경우 판매가 불가능합니다.

(16) 온라인으로 판매가 안 되는 주류, 전자담배, 성인용품 등은 진행할 수 없습니다.

(17) 신품이 아닌 중고 상품은 진행할 수 없습니다.

2. 이미지 등록 공통사항

(1) 상품의 이미지는 선명하게 만들어야 합니다.

(2) 분할된 이미지는 2컷까지만 허용되며, 3컷 분할은 반려됩니다.

(3) 텍스트가 기재된 이미지는 안 됩니다. 기본 도형도 이미지에 들어가 있으면 안 됩니다.

(4) 이미지에 외곽 라인이 있으면 안 됩니다. 즉, 이미지에 테두리는 안 됩니다.

(5) 이미지가 너무나 작거나 제품 일부가 잘린 이미지는 진행할 수 없습니다.

(6) 이미지에 과도한 여백은 허용되지 않습니다. (50% 이상 여백 사진 불가)

(7) 지저분한 바닥 컷이나 옷걸이 컷, 마네킹 컷은 진행할 수 없습니다.

(8) 과도한 노출이 있는 19세 미만이 볼 수 없는 이미지는 안 됩니다.

(9) 유명 브랜드 같은 경우 우측 상단에만 노출이 가능합니다.

Q4 노출서비스 관리를 알려주세요.

[노출 서비스 관리]는 스마트스토어를 다양한 네이버 플랫폼을 통해 노출할 수 있도록 도와주는 기능입니다. 마우스 몇 번의 간단한 설정만으로 가능합니다.

01

❶ [네이버 쇼핑] : 통합검색의 네이버쇼핑 영역에 상품을 노출할 수 있습니다. 상품등록/수정 시 노출 설정을 하실 수 있으며 네이버쇼핑을 통해 상품이 판매될 경우 2% 매출 수수료가 부과됩니다.

❷ [네이버 톡톡] : 네이버 톡톡이 활성화되면 스토어 화면에 톡톡 상담버튼이 노출되며, 톡톡상담관리 기능을 통해 스마트스토어 센터에서 고객상담을 하실 수 있습니다.

❸ [웹사이트 검색등록] : 스토어 이름을 네이버에서 검색하면 웹사이트 검색결과에 스토어가 노출됩니다. 검색결과와 순서는 검색로직에 따라 변경될 수 있습니다

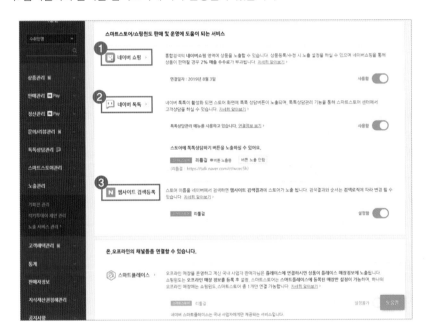

02

❶ [스마트플레이스] : 오프라인 매장이 있는 분들이라면 상품이 플레이스 매장정보에 노출됩니다. 스마트스토어는 스마트플레이스에 등록된 매장만 설정이 가능하며, 하나의 오프라인 매장에는 쇼핑윈도, 스마트스토어 중 1개만 연결할 수 있습니다. 즉, 사업자등록을 하지 않으면 설정할 수 없습니다.

❷ [Modoo!] : 모두(Modoo!)로 제작한 홈페이지에 스마트스토어 상품을 노출할 수 있습니다. 모두로의 연결은 스마트스토어만 지원합니다.

❸ [그라폴리오] : 그라폴리오에 창작자로 등록된 판매자는 아트상품 스토어에 상품을 노출할 수 있습니다. 그라폴리오 연결은 스마트스토어만 가능합니다.

❹ [애널리틱스] : 네이버 애널리틱스를 통해 스마트스토어 유입 현황을 알 수 있습니다. 발급 ID는 [네이버 애널리틱스] - [설정] - [사이트 등록]에서 발급받을 수 있습니다.

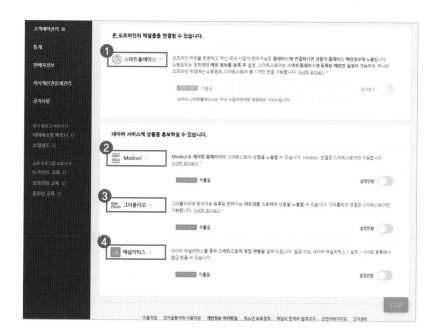

CHAPTER

12 고객혜택관리

Q1 스토어찜 쿠폰 이벤트 설정 방법을 알려주세요.

고객 혜택은 특정한 타깃 고객들에게 혜택을 주는 마케팅 기능입니다. 첫 구매 고객에게 혜택을 주는 등 특정 조건에 부합하는 고객을 대상으로 혜택을 설정할 수 있습니다. 또한 스마트스토어에서 가장 많이 사용하는 스토어찜 이벤트와 소식알림 이벤트(구 톡톡친구)를 여기서 설정할 수 있습니다. 실습으로 스토어찜 쿠폰 혜택을 설정해 보겠습니다.

01

❶ [혜택 이름]을 적습니다. 단, 혜택 이름은 노출되므로 명확하게 적습니다.

❷ [타겟팅 대상]을 설정합니다.

대상 중에 ❸ [첫구매고객]은 최근 2년간 구매 이력이 없는 고객을 대상으로 혜택을 설정할 수 있습니다. 첫 구매 고객을 위한 첫 구매 쿠폰(다운로드) 혜택을 등록할 수 있습니다. 반면에 ❹ [재구매고객]은 최근 6개월간 구매 이력이 있는 고객을 대상으로 재구매 혜택을 설정할 수 있습니다. 재구매 고객을 위해 쿠폰을 즉시 발급하거나 구매 시 포인트 적립 혜택을 등록할 수 있습니다.

❺ [스토어찜]은 스토어찜을 한 고객에게 특별한 쿠폰 혜택을 설정할 수 있습니다. 스토어찜을 클릭한 고객에게 쿠폰(다운로드) 혜택과 함께 구매를 유도할 수 있습니다.

❻ [소식알림]은 스토어찜에 동의한 후 소식알림까지 동의한 고객을 위한 쿠폰 혜택을 설정할 수 있습니다. 소식알림에 동의할 때나 이미 동의한 고객에게 쿠폰(다운로드)혜택을 주거나, 쿠폰을 첨부하여 메시지를 보낼 수 있습니다. 참고로 2019.08.29 부터 톡톡친구가 소식알림으로 변경되었습니다.

❼ [타겟팅]은 구매이력이 있거나 스토어찜을 한 특정 고객을 지정하여 쿠폰을 즉시 발급할 수 있습니다. 선택한 고객에게 특별한 쿠폰 혜택을 등록할 수 있습니다. 여기서는 실전 방법으로 스토어찜 이벤트를 등록할 것입니다. 먼저 ❺ [스토어찜]을 클릭합니다.

❽ [혜택종류]는 [쿠폰]을 선택합니다.

❾ [쿠폰종류]는 [상품단위 할인] - [상품중복할인]을 설정하고, 원하시는 옵션으로 설정하시면 됩니다.

❿ [발급방법]은 [다운로드]로 설정합니다.

02 ❶ [할인설정]에는 원하시는 쿠폰 가격을 넣습니다. 여기서는 2,000원을 책정하였습니다.

❷ [최소주문금액]은 상품중복할인과 배송비 할인 쿠폰의 최소주문금액은 판매가 기준으로 사용됩니다.

❸ [혜택기간]은 설정된 날짜부터 다운로드 가능한 쿠폰이 노출됩니다. 단, 스토어찜 유형은 당일부터 설정할 수 있습니다.

❹ [쿠폰 유효기간]은 마케터의 감각에 따라 다르지만, 여기서는 60일 이내로 사용하도록 했습니다. 결국 쿠폰은 재무제표상 부채로 설정이 되기에 고객들에게 쿠폰을 무한대로 사용 할 수 있게 하면 운영자 입장에서는 부담으로 작용합니다. 그렇기 때문에 기간을 설정하는 것이 좋습니다. 물론 쿠폰에 대한 비용을 감당할 수 있다면 유효기간을 설정 안 하셔도 상관없습니다. 하지만 노하우를 말씀드리면 유효기간을 설정하시는 것이 운영자 입장에서는 현명한 판단입니다.

❺ [상품상세 노출]에서 [상품상세의 상세정보 상단에 쿠폰 전시하기] 체크합니다.

❻ [혜택상품지정]은 [내스토어 상품전체]로 설정합니다. 특정 카테고리 특정 상품도 가능합니다. 마지막으로 ❼ [확인]을 클릭합니다.

03 그럼 어떻게 스마트스토어에서 노출되는지 모니터링해보겠습니다. 상세페이지에 들어가면 상단에 [스토어찜 쿠폰]이 노출되는 것을 확인할 수 있습니다.

▲ 상품 상세페이지에 노출되는 스토어찜 쿠폰

CHAPTER

13 통계

Q1 마케팅에 활용할 수 있는 통계자료가 있을까요?

스마트스토어의 웹로그 분석을 통한 통계를 볼 수 있습니다.

❶ [요약] : 모든 통계자료에 대한 요약을 한눈에 볼 수 있도록 정리되어 있습니다.

❷ [판매분석] : 판매성과, 상품성과, 상품/마케팅채널, 상품/검색채널, 상품/인구통계, 상품/고객프로파일, 상품/지역 등 다양한 판매 관련 정량적 데이터를 확인할 수 있습니다.

❸ [마케팅분석] : 전체 채널, 검색 채널, 웹사이트 채널, 인구통계, 시간대별 자료를 얻을 수 있습니다.

❹ [쇼핑행동분석] : 상품별 또는 페이지별로 고객들이 얼마나 상품을 조회했고(행동), 결제했는지 확인할 수 있습니다.

❺ [시장벤치마크] : 내 사이트와 타 사이트그룹을 비교해 볼 수 있습니다.

❻ [고객현황] : 주문 고객, 관심 고객, 성별/연령별, 등급 고객 등 고객의 모든 현황을 파악할 수 있습니다.

❼ [재구매 통계] : 재구매 현황 상세 정보를 제공합니다.

▲ 스마트스토어 통계

Q2 재구매가 중요하다는데 통계를 어떻게 확인할 수 있을까요?

재구매를 이해하기 위해서는 용어를 정확하게 파악하고 있어야 합니다.

1. 구매자 수

결제한 사람의 수가 아닌, 구매 확정한 고객의 수입니다. 따라서 특정 시점의 결제가 늘었더라도 재구매 통계의 구매자수 확인은 시간차가 있을 수 있습니다.

2. 재구매자 수

구매자수와 동일하게 구매 확정을 기준으로 하며 2회 이상 구매한 구매자수를 의미합니다. 동일한 주문번호인 경우 동일 상품은 1회 구매로 계산됩니다.

3. 구매 금액

구매자가 결제한 금액으로 할인금액은 포함되지 않습니다.

4. 재구매 금액

재구매자의 결제금액 합계로 구매금액과 동일하게 할인금액은 제외됩니다.

5. 재구매 금액 비율

(재구매금액÷구매금액)×100이며, 전체 구매금액 대비 재구매의 비중을 퍼센트로 확인합니다.

6. 재구매 고객 비율

(재구매고객÷구매고객)×100이며, 전체 고객 대비 재구매 고객의 비중을 퍼센트로 확인합니다.

Q3 이런 통계 자료를 보고 어떻게 마케팅에 적용할 수 있을까요?

아래는 제가 직접 만든 정량적 데이터를 보고 분석하는 툴입니다. 이 툴로 광고가 제대로 집행되고 있는지, 지금의 마케팅이 제대로 하고 있는 것이 맞는지 판단할 수 있습니다. 아무리 좋은 마케터라도 통계 자료가 없다면, 그것은 실력이 아닌 감이라고 볼 수 있습니다. 특히 모바일의 대중화로 인해 고객의 데이터를 얻을 수 있는 환경이 열렸기에 우리는 이런 정량적 데이터 분석이 가능합니다. 그렇다면 이런 데이터는 어디서 볼 수 있을까요? 정량적 데이터는 스마트스토어 통계 부분에서 얻을 수 있습니다. 네이버 스마트스토어 통계가 있어 다음과 같은 정량적 데이터분석이 가능해졌습니다.

날짜: 2020년 7월 23 ~ 7월 31일

광고 분석

	변수	노란색에 값을 넣으세요	
1	클릭수	1,460	건
2	평균 CPC단가	802	원
3	광고비용	1,170,920	원
4	구매전환수	96	건
5	평균 객단가	86,638	원
6	매출	8,317,248	원
7	평균 마진율	40	%
8	평균 이익단가	34,655	원

CVR(구매전환율)	7 %	= 구매전환수 / 클릭수 * 100
CPA(전환당 비용)	12,197 원	= 광고비용 /구매전환수
ROAS(광고수익율)	710 %	= 매출 / 광고비용 * 100
ROI(투자수익율)	184 %	= (((구매전환수x평균이익단가)-광고비용)/광고비용)*100

Tip: 정량적 마케팅 공식

- CVR(구매전환율) = 구매전환 수÷클릭 수×100

- CPA(전환당 비용) = 광고비용÷구매전환수

- ROAS(광고수익율) = 매출÷광고비용×100

- ROI(투자수익율) = (((구매전환수×평균이익단가)—광고비용)÷광고비용)×100

네이버 검색광고

블로그 마케팅

네이버 포스트

네이버 모두(modoo!)

네이버 스마트플레이스

동영상 마케팅

CRM 고객 응대

03
PART

네이버 마케팅

CHAPTER
14 네이버 검색광고

Q1 네이버 검색광고는 무엇인가요?

네이버 검색광고는 네이버 전체 광고를 위해서 운영하는 플랫폼입니다. 정확하게 네이버 검색광고를 알아보기 위해 일단 네이버 검색창에서 '여성의류'를 검색해 보겠습니다.

제일 먼저 보이는 것이 무엇인가요? 그렇습니다. ❶ [파워링크]라는 광고입니다. 대부분의 미디어 회사들은 광고 수익으로 회사를 운영합니다. 그래서 가장 잘 보이는 곳에 광고를 노출해주고 광고주들에게 돈을 받습니다. 네이버도 역시 마찬가지입니다. 전면에 광고를 보여줌으로써 광고수익을 극대화하는 것입니다. 방금 설명한 '파워링크'는 네이버에서 운영하는 광고로 순위 10위까지 노출합니다. 누가 먼저 많은 광고비를 내는가에 따라 순서가 정해집니다. 대표적인 CPC 광고입니다. 그런 광고를 관리하고 설정하는 페이지가 바로 [네이버 검색광고 사이트]입니다. [네이버 검색광고 사이트]는 파워링크에 들어갈 광고를 넣거나 뺄 수 있고, 광고 금액을 올리거나 내릴 수도 있으며, 홍보 키워드를 정할 수도 있습니다.

우리나라에서 마케팅을 한다는 것은 네이버 플랫폼과 친해져야 한다는 의미와 같습니다. 그중에서도 네이버 검색광고 데이터와 친해져야 합니다. 반드시 광고하라는 의미가 아니라, 그 안에 존재하는 빅 데이터를 활용하여 고객의 요구와 그에 따른 홍보 키워드들을 뽑아낼 수 있습니다. 그러니 지금 네이버 검색광고를 가입해 보겠습니다.

▲ '여성의류' 네이버 검색 결과

Q2 네이버 검색광고 가입하는 방법을 알려주세요.

01

❶ [네이버 아이디로 로그인]으로 먼저 로그인을 합니다. 대부분 네이버 메일은 있으시기 때문에 큰 어려움 없이 로그인하실 수 있습니다. 참고로 네이버 검색광고에 가입한다고 해서 광고비가 나가지는 않습니다. 우리는 단지 이 플랫폼에서 제공하고 있는 여러 가지 빅 데이터를 활용하려 하는 것뿐입니다.

▲ '여성의류' 네이버 검색 결과

❶ [네이버 아이디로 가입]을 선택합니다.

03 ❶ [위 내용을 모두 읽고 확인했습니다] 체크 후, ❷ [개인 광고주]를 선택합니다. 그리고 ❸ [회원 정보 입력]을 입력하여 가입을 마무리 해주세요.

04 가입이 완료된 후 [로그인] 하시면 아래와 같이 나옵니다.

Q3 네이버 검색광고를 마케팅에 어떻게 활용하나요?

네이버 검색광고 페이지를 통해 우리와 연관 있는 홍보키워드를 뽑아보겠습니다. 국내에서 마케팅을 한다면 가장 기초적이고 기본적인 작업이니 꼭 마스터하시길 권유 드립니다.

01 ❶ [광고시스템]을 클릭합니다.

02 ❶ [도구] - ❷ [키워드 도구]를 선택합니다.

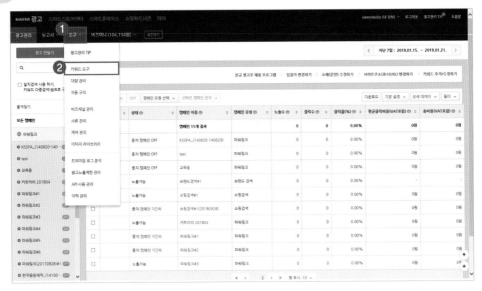

03 ❶ [키워드]란에 여러분이 알고 싶어 하는 아이템 및 키워드를 적어봅니다. 여기서는 '여성의류'라고 적어보겠습니다. 그다음 ❷ [조회하기]를 선택합니다.

여러분은 이제 데이터를 보고 전략기획을 하는 전문가가 되는 것이며, 데이터를 보고 해석하는 마케터가 되는 것입니다. 잘 이해하시고 여러분의 사업에 응용해야 합니다

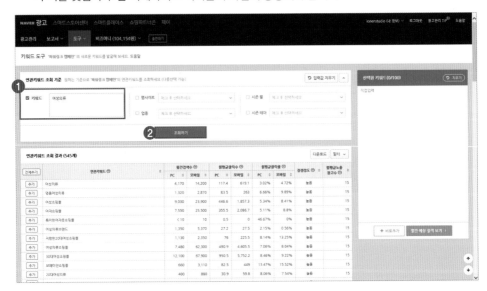

04 월간검색수를 파악해봅시다!

① [월간검색수]란 최근 한 달간 네이버를 이용한 사용자가 PC 및 모바일에서 해당 키워드를 검색한 횟수입니다. 쉽게 해석하자면, 대중들이 PC를 통해 네이버에서 **②** [여성의류]를 총 4,170번 검색했다는 것입니다. 중요한 것은 한 달 동안이라는 것입니다. 4주 평균이라고 보시면 됩니다. 즉, 1개월 동안 사람들이 네이버에서 '여성의류'를 얼마나 검색한 건지 물었을 때 PC에서는 4,170번, 모바일에서는 14,200번 검색했다는 것을 알 수 있습니다.

다시 연관키워드를 보면 **③** [여성의류쇼핑몰]이 있습니다. 한번 월간검색수를 볼까요? PC로는 7,480번, 모바일로는 62,300번 검색되었습니다. 와! 모바일 양이 상당히 많습니다. 여기서 우리는 다음과 같은 것을 분석해 낼 수 있습니다.

첫째, 모바일이 검색이 많은 이유를 알 수 있습니다.

모바일 검색량이 많다는 것으로는 모바일에 더 친숙한 젊은 세대에서 많이 찾고 있다는 것을 해석할 수 있습니다. 즉, 여러분이 찾은 키워드들이 모바일 검색량이 상당히 많다면 그 키워드의 타깃은 대부분 젊은 층이 된다는 것입니다.

둘째, 앞으로 사용할 전략적인 홍보키워드를 여기서 뽑아낼 수 있습니다.

"교수님, 블로그를 통해서 홍보를 하고 있는데, 아무도 찾지 않아요. 좋은 방법이 없을까요?"라고 물어보시는 분들이 많습니다. 그래서 살펴보면 대부분 실수를 하는 것이 아무도 찾지 않은 홍보키워드를 사용한다는 것입니다. 블로그는 제목이 중요한데, 제목을 쓸 때 검색량이 적은 키워드를 써놓고 아무도 찾지 않는다고 말하는 것이죠.

셋째, 모바일 중심으로 정렬해서 다시 한 번 키워드를 뽑습니다.

❶ [모바일] 기준으로 정렬해 보면 ❷ [20대여자쇼핑몰]이 가장 위로 올라옵니다. 여러분이 '여성의류'를 검색했을 때 비슷한 유저들이 같이 찾은 유관키워드 중에서 '20대여자쇼핑몰' 모바일 검색 수가 한 달에 무려 76,000건으로 가장 많이 찾고 있는 것을 확인할 수 있습니다.

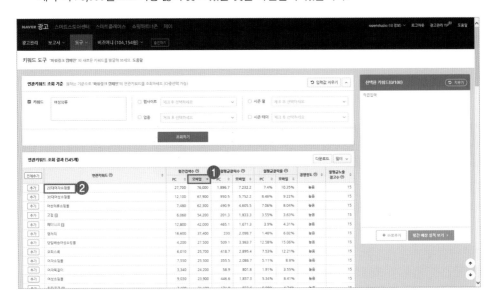

이 의미를 해석하자면, 첫 번째로는 '여성의류' 키워드를 검색하는 사람들 이외에도 비슷한 성향이 있는 사람이 '20대여자쇼핑몰'이라는 키워드를 많이 찾는다는 것을 알 수 있습니다. 두 번째로는 연관키워드 순위를 중심으로 내 홍보 키워드를 잡으면 된다는 것을 알게 됩니다. 왜냐하면 많이 검색하는 키워드이기 때문입니다. 세 번째로는 온라인 마케팅을 할 때 이 홍보 키워드를 중심으로 제목을 달거나 태그를 걸면 된다는 것을 알 수 있습니다. 그 이유는 사람들이 검색할 때 내 콘텐츠가 노출되기 때문입니다.

05 ❶ [월평균클릭수]란 최근 한 달간 사용자가 해당 키워드를 검색했을 때, 통합검색 영역에 노출된 광고가 받은 평균 클릭수입니다. 다시 말해, 노출된 광고에서 얼마나 사람들이 광고를 클릭했는지 보여주는 숫자입니다. 예를 들어 '여성의류'이라는 키워드로 집행한 광고를 모바일로 월평균 619번 클릭했다는 것입니다.

그럼 광고를 클릭했다는 의미는 무엇일까요? 구매 의사가 있다고 간주하게 됩니다. 구매 의사가 없으면 광고를 굳이 클릭하지 않죠. 게다가 그런 광고를 클릭한 비율이 높다면 더더욱 그 키워드의 가치는 올라가게 됩니다. 즉, ❷ [월평균클릭률](검색대비 광고를 클릭한 수)이 높다는 것은 그만큼 광고주들이 많은 돈을 내더라도 광고하고 싶은 키워드입니다.

월평균클릭률 = 클릭수 / 검색수 *100
⇒ 보통 1% 이상의 클릭률이 전환이 되는 키워드라고 해석할 수 있음

주의할 점은 분모인 검색수가 적으면 의미가 없다는 것입니다. 100명 중에 10번 클릭해도 10%이기 때문입니다. 그래서 클릭률을 볼 땐 반드시 월간검색수가 어느 정도 나오는 키워드가 좋습니다.

여기서 질문 하나 드립니다! 반대로 검색 수는 많은데 클릭수가 적은 즉, 클릭률이 낮은 키워드는 어떻게 해석해서 활용할 수 있을까요? 그렇습니다. 홍보용으로 좋습니다.

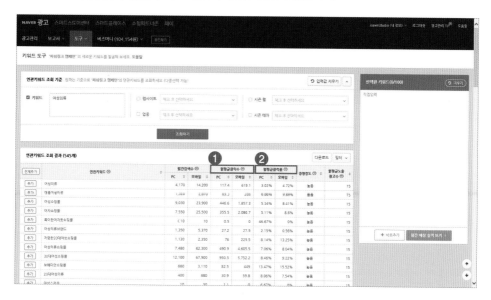

❶ [학생크로스백]은 모바일 기준으로 15,500건 검색되는데 광고 클릭은 26건으로 클릭률은 0.67%입니다. 즉, 파워링크 광고로 내 회사광고를 노출시켜도 겨우 평균 26건 클릭되므로 부담이 없는 것입니다. 물론 CPC 광고 단가(고객이 내 광고를 1회 클릭했을 때 나가는 광고 비용)를 따져봐야겠지만 노출로 얻어지는 이익이 더 크다고 볼 수 있습니다.

전체추가	연관키워드 ⑦		월간검색수 ⑦		월평균클릭수 ⑦		월평균클릭률 ⑦	
			PC	모바일	PC	모바일	PC	모바일
추가	❶ 학생크로스백		2,610	15,500	16	26.3	0.67%	0.19%

01 ❶ [선택한 키워드] 박스에 '여성의류'를 적고 ❷ [월간 예상 실적 보기]를 선택합니다.

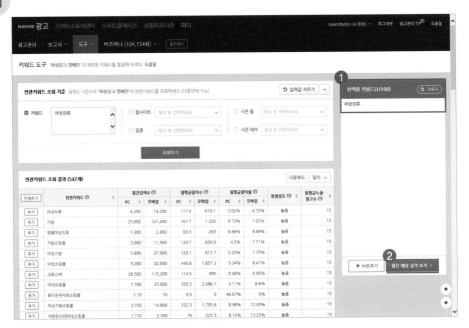

02 ❶ [예상값]을 ❷ [예상 비용]으로 선택합니다. 그리고 꺾이는 선을 찾아야 합니다.

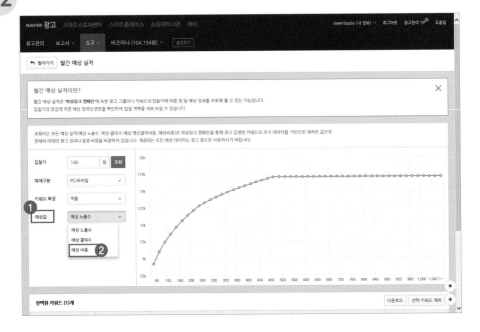

03 꺾이는 선을 찾아야 하는데, 금액이 낮으면 잘 나오지 않습니다. 그래서 ❶ [입찰가]를 1,500원 정도로 높여서 다시 ❷ [조회]를 선택합니다. ❸ 꺾이는 선을 확인할 수 있습니다. 내가 파워링크 상위로 오르려면 이 꺾이는 선(광고 한 클릭 당 1,720원)부터 무한 경쟁이 시작된다고 보시면 됩니다. 네이버 파워링크는 대표적인 CPC 광고로, 경매방식입니다. 누군가 10원이라도 더 비싸게 내면 나보다 상위로 잡히는 것입니다.

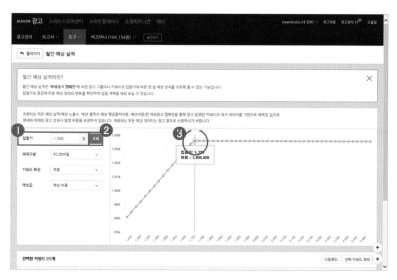

04 키워드 가격을 더 정확하게 보는 방법은 실제 광고를 집행하면 바로 알 수 있습니다. 광고 캠페인을 만들고 광고그룹을 만든 후 키워드를 넣고 [입찰가 변경] - [입찰가 개별 변경] 을 선택합니다. 그런 후 ❶[PC 통합검색(파워링크+비즈사이트) 1위 평균 입찰가]를 클릭하고 ❷ [조회하기]를 클릭하면 ❸ [변경할 입찰가] 로 예상 CPC 금액이 나옵니다. 앞서 설명한 방법의 금액과 CPC 가격 차이가 나는 이유는 서로 조회한 날짜와 시간이 다르기 때문입니다. 경매방식이기에 경쟁률에 따라서 CPC 가격은 변동됩니다.

CHAPTER

15 블로그 마케팅

블로그 마케팅은 사업하는 분들이 가장 쉽게 할 수 있는 홍보 마케팅 채널입니다. 하지만 장단점도 확실히 구분되기에 블로그가 가지는 특징이 내 사업에 잘 맞는지 확인해야 합니다.

Q1 블로그 종류는 어떻게 되나요?

온라인 마케팅으로써 블로그가 가지는 특징

장점	1. 무료로 홍보 마케팅이 가능하다. 2. 바이럴 마케팅으로 활용할 수 있다. 3. 온라인 마케팅의 구심점 역할을 할 수 있다. 4. 소비재 중심의 상품을 알리는 데 효과적이다.
단점	1. 시간이 오래 걸린다. 2. 상위에 노출하지 않으면 마케팅 효과가 떨어진다. 3. 상위에 노출되기 위해서 네이버 알고리즘에 최적화시켜 한다. 4. 대행업체를 쓴다면 상당히 많은 돈을 지출하고도 효과를 못 볼 가능성이 있다. 실력 있는 대행업체를 만나야 한다.

많은 분들이 "네이버 블로그가 좋은가요? 티스토리가 좋은가요?"라고 물어보십니다. 그럴 때마다 저는 "둘 다 좋아요. 다만 내가 블로그를 어떤 목적으로 활용할지를 생각하시면 구분해서 선택할 수 있어요"라고 답해드립니다.

▲ 네이버 블로그

▲ 티스토리

저자인 저는 티스토리를 오랫동안 운영하는 '파워 블로거'였습니다. 현재 블로그 방문 횟수 누적이
약 203만 명쯤 됐는데, 한창때는 일일 5,000명에서 7,000명쯤 됐습니다. 그 당시 티스토리에서 이

정도였으니까, 만약 네이버 블로그였다면 상당한 조회수가 나왔을 것으로 생각합니다. 지금은 시간이 마땅치 않아 관리를 못 하고 있습니다. 나중에 이야기하겠지만, 블로그는 정말 시간이 많이 필요한 채널인데, 일단 글을 잘 쓰려면 상당한 시간이 필요하기 때문입니다. 그래서 바쁘면 절대 할 수 없는 것이 바로 블로그입니다. 아마 많은 분들이 지금 고개를 끄덕이면서 공감하실 것 같습니다.

저는 누구보다 블로그를 잘 알고, 실제 파워 블로거로서 다양한 경험을 했습니다. 특히 티스토리를 운영했던 이유 중 하나는 구글의 애드센스 광고 수익을 위해서였습니다. 네이버 블로그는 폐쇄형이라 구글의 광고를 달 수 없었고, 소스 코드도 건드릴 수 없었습니다. 현재는 위젯 기능이 생겼지만, 당시에는 전혀 없었습니다. 그래서 일단 블로그를 운영하기 위해서는 기능에 따라 어느 채널의 블로그를 운영할지 먼저 선택해야 합니다.

네이버 블로그와 티스토리의 장 · 단점 비교

종류	네이버 블로그	티스토리
장점	1. 유저들이 많다. 2. 네이버의 다른 플랫폼(마케팅 툴)과 융합이 잘 되며, 활용도가 높다. 3. 투명 위젯으로 나만의 블로그 디자인이 가능해졌다. 4. 소통기능이 강력하다.	1. 오픈형 블로그로, 소스 코드 수정 및 내가 원하는 디자인으로 수정이 가능하다. 2. 광고를 붙여 광고수익을 낼 수 있다. 3. 애드센스를 통해서도 광고수익을 낼 수 있다.
단점	1. 폐쇄형이라 소스 코드를 건드릴 수 없다. 2. 같은 카테고리에 경쟁 블로거들이 너무 많다. 3. 네이버 알고리즘에 맞추려면 상당한 시간이 필요하다.	1. 네이버 블로그보다 소통능력이 떨어진다. 2. 플랫폼의 힘이 약하다. 즉, 카카오 플랫폼으로 네이버보다 마케팅 활용도가 떨어진다.

정리하면 구글 애드센스처럼 광고수익을 원한다면 오픈형인 티스토리를, 유저들과 소통을 원한다면 서로이웃추가(일명 서이추) 기능을 할 수 있고 네이버 다른 플랫폼과 최적화할 수 있는 네이버 블로그로 가시는 것이 좋습니다. 이는 대표적인 차이점이지만, 네이버 블로그와 티스토리 모두 같은 블로그 채널이므로 블로그가 가지는 기본적인 장단점은 동일합니다.

Q2 리뷰형 블로그와 체험형 블로그 효과 있나요?

여러분들은 블로그를 어떤 목적을 두고 사용하시나요? 다음 그림은 블로그를 마케팅 목적별로 나눠 본 것 입니다.

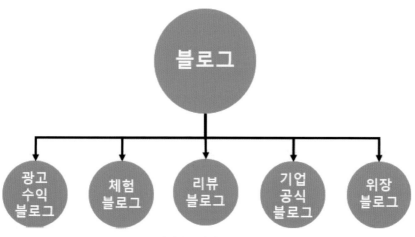

▲ 마케팅 목적별 블로그 구분

1. 광고수익 블로그

광고수익 블로그는 제 티스토리 블로그(prucc.co.kr)처럼 구글 애드센스 광고수익을 내는 목적으로 만들어진 것입니다. 네이버 블로그 클릭 광고가 있지만 그것은 별 효과가 없고, 대부분 클릭당 광고로 수익을 내시는 분들은 이런 애드센스를 이용합니다. 하지만 제가 확실히 말씀드리고 싶은 것은 구글 애드센스로 돈을 많이 벌 수 있다는 광고는 믿지 않는 게 좋습니다. 그렇게 되려면 전업 블로그가 되어야 하는데, 전업 블로그를 한다고 해도 일반 직장 월급만큼 벌 수 있다는 보장도 없습니다. 애드센스와 관련해서 추후 자세하게 설명 하겠습니다.

2. 체험 블로그

체험 블로그는 리뷰 블로그와 같아 보이지만, 글을 쓰는 주체가 누구냐에 따라 그리고 파급력에 따라 차이가 있습니다. 일반 블로거들이 협찬받은 상품을 체험하고 글을 쓰는 것은 체험 블로그이고, 파워 블로거들이 협찬받아서 아주 자세하게 리뷰를 적는 것은 리뷰 블로그로 나눠볼 수 있습니다. 즉, 형태는 같아도 누가 쓰느냐에 따라 또는 글의 파급력에 따라 구분될 수 있습니다.

3. 리뷰 블로그

리뷰형 블로그는 파워 블로거들이 주로 쓰는 형태라고 보시면 됩니다. 파워 블로거들이 리뷰 형태로 글을 쓰는 것은 확실히 효과가 다릅니다. 리뷰를 쓰시는 파워 블로거들은 글도 일단 잘 쓰지만, 글에 대한 파괴력이 있습니다. 다시 말해, 마케팅적인 감각이 있어서 구매로 이어질 수 있도록 유도를 잘 합니다. 또한 매우 상세하게 그 상품에 대해서 리뷰 형태, 즉 제3자 입장에서 글을 씁니다. 그러다보니 많은 소비자들이 그 글에 설득당하기도 해서 구매로 이어질 수 있습니다.

이런 리뷰 블로그는 기업 입장에서는 돈을 주고 의뢰를 하게 됩니다. 체험 블로그도 블로그 마케팅 대행사에 돈을 주고 의뢰할 수도 있지만 질적으로 많은 차이가 납니다. 요즘은 대행사를 통하지 않고 파워 블로거들에게 직접 연락하여 글을 의뢰하기도 하죠. 요즘은 파워 블로그라는 제도가 없어졌지만, 그래도 우리가 영향력 있는 블로그를 일반적으로 파워 블로그로 칭하고 있습니다.

4. 기업 공식 블로그

기업 공식 블로그는 기업을 대표하는 소통 채널로 활용합니다. 큰 기업일수록 홍보팀 직원이 전담하여 관리합니다. 아니면 대행사에 관리를 의뢰하기도 합니다. 기업의 소식을 알리는 소통 창구로 활용을 합니다. 만약 쇼핑몰 창업을 하게 되면 꼭 권유 드리는 블로그 형태입니다.

5. 위장 블로그

위장 블로그는 말 그대로 마치 관계가 없는 것처럼 위장한다는 뜻입니다. 간단하게 설명하면 직원들의 개인 블로그를 회사 홍보용으로 사용하는 것입니다. 마치 개인적으로 후기를 포스팅한 것처럼 보이지만, 사실 회사의 마케팅 목적으로 직원들을 동원하는 것입니다. 직원들이 순수한 마음으로 애사심을 가지고 글을 써주면 좋겠지만, 만약 그것이 강압이나 압력에 의한 의무감에 쓴 글이라면 문제가 됩니다.

Q3   네이버 블로그 최적화를 위해서 검색 로직 알고리즘을 알고 싶어요.

블로그 마케팅 검색 로직은 아마 대한민국에서 온라인 마케팅을 한다는 사람이라면 꼭 알아야 하고 이해해야 하는 내용입니다. 왜냐하면 네이버가 우리나라의 검색시장을 잡고 있기 때문입니다.

예를 들어 지금 두 사람이 비슷한 키워드로 비슷한 글을 쓴다고 가정해봅시다. 이때 어떤 사람은 상위에 노출되고, 어떤 사람은 저기 먼 12페이지에 걸려 있을 수 있습니다. 비슷한 키워드에 비슷한 내용인데 어째서 그럴까요? 이유는 네이버 알고리즘 최적화 여부의 차이입니다. 그래서 대한민국에서 온라인 마케팅을 잘하려면 필수적으로 검색시장을 잡고 있는 네이버 알고리즘을 알아야 합니다. 그럼 네이버 알고리즘 로직이 어떻게 변했는지, 그리고 현재 알고리즘은 어떻게 최적화가 되어 있는지 알아보겠습니다.

한 가지 말씀드리고 싶은 건 로직이 변했다고 해서 이전의 로직이 없어졌다고 생각하면 오산입니다. 고도화되었다고 생각하시는 것이 맞습니다. 즉, 예전 로직에서 업데이트했기에 과거 로직도 그대로 돌고 있습니다. 그래서 더욱 로직의 변천사를 알아야 합니다.

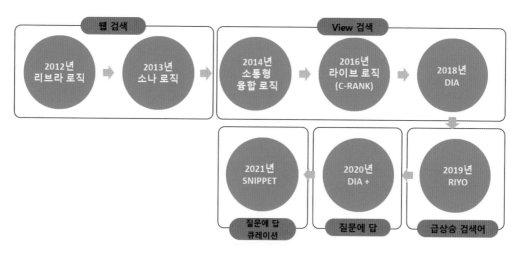

▲ 네이버 로직의 변천사

1. 리브라 로직 (2012년)

리브라 로직은 검색 이용자 만족도가 높은 문서들과 낮은 문서들을 모아 유형화했습니다. 덕분에 이를 기반으로 믿을 수 있는 좋은 정보를 생산해내는 블로그와 신뢰할 수 없는 저품질 문서를 생산하는 블로그를 구별해 랭킹 로직에 반영하기 시작했습니다. 이때 그 문서의 신뢰성을 어떻게 판단하는지가 핵심인데, 네이버는 두 가지의 평가요소를 활용합니다. 바로 만족도 평가요소는 이용자 클릭 수를 활용하고, 활동성 평가요소는 블로그의 활동 기간을 활용하는 것입니다. 또한 이런 평가요소 조작을 통해 랭킹을 올리려는 시도를 막기 위해 네이버가 분석한 각종 어뷰징(abusing) 요소들도 반영했습니다.

그 당시 NHN 검색연구실 강인호 박사는 "새 검색 알고리즘 리브라는 좋은 블로거가 만든 양질의 문서가 검색 결과에 잘 보이도록 하는 구조"라며 인터뷰를 했었습니다. 또한 "이용자에게 신뢰도 높은 검색 결과를 제공하기 위한 네이버 검색 개선 프로젝트는 앞으로도 계속 진행될 것"이라고 말하기도 했습니다.

신뢰성, 독창성, 이용자 선호도가 높아 검색 결과에 정상적으로 노출되는 좋은 문서들과 불법성, 기계적 생성, 클로킹(Cloaking, 검색엔진에서 인식되는 내용과 실제 사용자 방문 시의 내용이 전혀 다른 경우) 등으로 검색 노출에서 제외되는 유해 스팸 어뷰징 문서를 선별하도록 했습니다.

2. 소나 로직 (2013년)

소나 로직은 '유사 문서 판독 시스템'을 기반으로 원본 글을 상단에 노출하여, 검색 결과에서 원본이 더 우대받는 기술을 적용했습니다. 그 당시 네이버 김상헌 대표는 언론사 인터뷰에서 "검색 결과에서 원본 문서를 우선 노출하기 위해 문서수집과 유사 문서 판독 등 기술적 문제를 개선했다"라고 밝혔습니다.

또한 소나 로직에서는 문서수집 체계 전반을 개선했습니다. 원본 문서와 퍼온 글 등 유사 문서 간 판독도 정교화 되었습니다. 그래서 이때부터 블로그를 할 때 '무조건 복사하면 안 된다'는 말이 생겼습니다. 현재도 마찬가지로 무작정 복사하시면 안 됩니다.

소나 로직에서 소나는 원본 문서 판독 가능성을 더욱 높일 알고리즘 로직으로, 문서 간 인용 관계와 문서의 중요도 등을 분석해 이용자가 찾는 정보의 원본 문서를 추출하는 새로운 검색 알고리즘입니다. 그래서 다수 이용자가 검색했거나 원본 문서일 가능성이 높은 문서의 수집량을 늘리는 방향으로 알고리즘이 짜여 있습니다. 그래서 소나 로직은 통합검색 최상단에 원본 문서를 단독 노출하는 형태로 서비스를 제공하기 시작했습니다.

3. 소통형 융합 로직 (2014년)

사실 '소통형 융합 로직'이라는 용어는 없습니다. 2014년 당시 뭔가 로직이 변화되고 있는데 네이버의 공식적인 입장은 없어서, 임의로 제가 용어를 붙인 것입니다. 오해 없으시길 바랍니다.

소통형 융합 로직은 모바일에 친화적인 로직입니다. 다시 말해, 모바일의 가장 큰 장점인 '로컬'의 개념이 적용되었습니다. 또한 해시태그로 인한 소통형 정보개념을 도입하고, 원글의 카테고리를 반영해 전문성 있는 글이 상단에 위치하게 됐습니다.

예를 들면 아이폰 대중문화 블로그 PRUCC.CO.KR에서 아이폰 관련 글을 쓰면 상단에 나타났지만, 맛집 같은 포스팅은 상단에 나타나지 않았습니다. 그래서 전문성 점수가 반영되고 있다고 판단했는데, 지금 와서 보면 이러한 생각은 정확했습니다. 패션의류 관련 글을 꾸준히 쓰면, 패션의류에 대한 전문성 있는 블로그로 인식하여 관련된 글이 블로그 상단에 노출되기 때문입니다. 이렇게 2014년도에 한 번 바뀐 '소통형 융합 로직'이 고도화되어 나온 것이 바로 '라이브 로직'입니다.

4. 라이브 로직 (2016년)

앞서 말한 '소통형 융합 로직'이 고도화되어 공식적인 로직이 2016년에 발표가 됩니다. 바로 라이브 로직입니다. 라이브 로직은 'C-랭크'라는 알고리즘으로 구성되어 있다고 발표를 했습니다. C-랭크는 리브라 로직에 대해 인터뷰를 한 강인호 박사가 개발했는데, 이 C-랭크가 발표된 이후 네이버의 정말 모든 플랫폼에 변화가 있었습니다. 특히 블로그의 순위에서 잘 나오던 광고성 블로그가 순식간에 망하기도 하고, 꾸준하게 전문 블로그를 운영하는 블로거들은 제대로 평가를 받기 시작했습니다. 알파고와 인간의 싸움이 점점 알파고의 승리가 되어 가고 있는 것과 같습니다. 이 로직이 나온 지 시간이 많이 흘렀으나, 과거처럼 인간의 창조적 능력으로 회피하거나 깰 방법이 나오지 않았습니다. 그럼 네이버가 소개하는 라이브 로직은 어떤 구조를 가질까요?

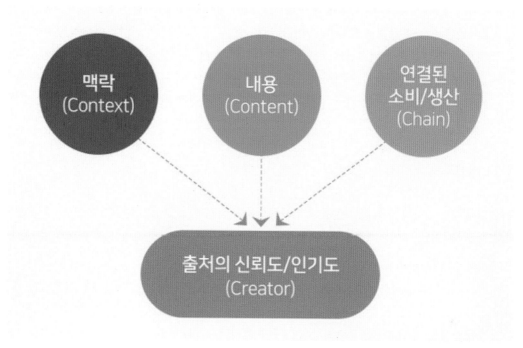

▲ 라이브 로직의 구조(출처 : 네이버 공식 블로그)

앞서 리브라 로직에서 말한 대로 네이버 로직은 문서의 신뢰도를 분석하고, C-랭크 알고리즘은 주요한 세 가지를 보고 평가를 합니다. 이 주요한 세 가지 요소가 바로 '맥락(context)'과 '내용(content)' 그리고 '연결된 소비 또는 생산(chain)'입니다. 많은 교재나 강의들이 이 부분에 대해서 명확한 설명을 못 하고 있는데, 대부분 파워 블로그의 경험이 없고, 블로그를 제대로 운영해 온 경험이 짧기 때문입니다. 그러다 보니 블로그에서 맥락이 뭐고 내용이 뭔지 그리고 체인(chain)이 무엇인지 그 차이를 정확하게 모릅니다. 그래서 이게 왜 블로그에 중요한지 모르게 됩니다. 지금 자세하게 설명하겠습니다.

(1) 맥락(context)

일단 네이버에서 말하는 '맥락(context)'은 블로그 포스팅을 할 때 전체적인 주제를 말합니다. 제목은 '모바일'인데, 본문의 내용은 '맛집'이라면 그 블로그는 바로 최적화되지 않습니다. 네이버는 딥러닝 기술로 본문 자체를 완벽하게 분석하는 기술을 보유하고 있습니다. 제목과 본문의 내용의 흐름의 맥락이 일치하는지, 제대로 글을 써왔는지와 같은 분석이 가능합니다. 왜 이런 알고리즘이 필요할까요? 말씀드렸다시피 블로그를 가지고 소위 장난을 치는 분들이 있기 때문입니다. 그러면 네이버 블로그의 전체적인 문서의 신뢰도가 떨어지고, 유저들이 떨어져 나가면 결국 광고수익도 떨어지기 때문에 그렇습니다. 미디어에서 광고는 중요한 위치를 차지하는데, 그런 광고수익에 대한 메커니즘은 뒤에서 설명해 드리겠습니다.

(2) 내용(content)

내용을 예를 들어 설명해보겠습니다. 젊은 대중들에게 인기가 많은 최신형 아이폰이나 갤럭시에 대한 기능을 설명한다고 한다면 사진은 과연 몇 장이 필요할까요? 본문의 양은 어느 정도 될까요? 어떤 분들은 공식적으로 '사진은 몇 장을 넣어라', '관련된 키워드를 몇 개 넣어라' 이렇게 말하는 분들도 있다고 들었는데, 제가 여러분께 단호히 말씀드립니다. 사업은 성공한 사람들에게 배우는 것이고, 블로그는 파워 블로거들에게 배우는 것이 당연합니다. 파워 블로거들이 사진은 몇 장을 맞춰서 넣고, 키워드를 몇 개 넣고 따져가며 쓰지 않습니다. 아이폰의 새로운 기능을 잘 설명하기 위해서 당연히 다량의 사진이 필요한데다가 자세한 글을 쓸 수밖에 없습니다. 그렇게 좋은 글을 쓰다 보면 댓글이나 피드백도 자연스럽게 많아지고 소통의 능력이 향상됩니다. 그래서 어떤 주제의 제목을 뽑을 것인가 중요한데, 이때 대중들이 현재 어떤 키워드에 관심이 많은지 분석하는 것이 중요합니다. 사진을 몇 장 넣고, 관련 키워드들을 몇 개를 섞어서 넣으라는 말은 블로그를 제대로 운영하지 못 한 사람들이 강의나 설명을 해야 하는 상황에서 교육생들이 듣기에 그럴싸한 말을 해야 해서 만들어 낸 말과 다름없습니다.

(3) 연결된 소비/생산(chain)

마지막으로 연결된 소비/생산(chain)은 무엇일까요? 저는 이게 C-랭크의 핵심이라고 생각합니다. 앞서 설명한 맥락(context)과 내용(content)은 앞선 로직에서 어느 정도 반영되어 있습니다. 그런데 이 연결된 소비/생산(chain)은 모바일과 SNS 위주의 시대가 도래하면서 필수적이고 핵심 기술이 되었습니다. 바로 '공유'의 개념으로 말입니다.

네이버 로직은 내 블로그 콘텐츠가 얼마나 SNS상에서 공유되고 사람들에게 소개되고 있는지, 또 얼마나 사람과 사람들 사이에서 연결성을 확보하고 있는지 분석합니다. 예를 들어 제가 블로그에 글을 하나 썼다면, 그 글을 다른 SNS(페이스북이나 인스타그램 등)상에서 얼마나 공유되어 퍼지고 있는지를 분석하는 것이죠. SNS상에서 많이 공유된다는 뜻은 무엇일까요? 그만큼 그 문서의 신뢰도나 인기도가 높다는 뜻입니다! 만약 내용이 좋지 않고 공유할 만한 가치가 없다면 대중들은 전혀 공유하지 않게 됩니다. 여기서 바로 '아!' 하시는 분들이 많기를 바랍니다. 만약 여러분의 블로그가 파워 블로그가 되려면 공유를 많이 시켜주어야 한다는 것이죠. 일부 소수의 블로거는 이 점을 이용해 일부러 자신의 SNS나 이웃들에게 SNS상의 공유를 부탁합니다. 왜 블로그 내용이 SNS상에서 공유되는지 이제 아시겠죠?

그럼 C-RANK 알고리즘에 반영되는 정보는 무엇이 있을까요? 매우 궁금해하시는데, 그것은 네이버에서 공식적으로 잘 설명을 하고 있습니다.

C-RANK 알고리즘에 반영되는 정보

항목	설명
BLOG Collection	블로그 문서의 제목 및 본문 또는 이미지와 링크 등 문서를 구성하는 기본 정보를 참고해 문서의 기본 품질을 계산
네이버 DB	인물, 영화 정보 등 네이버에서 보유한 관련 콘텐츠 DB를 연동해 출처 및 문서의 신뢰도를 계산
Search LOG	네이버 검색 이용자의 검색 로그 데이터를 이용해 문서 및 출처의 인기도를 계산

항목	설명
Chain Score	웹문서, 사이트, 뉴스 등 다른 출처에서의 관심 정도를 이용해 신뢰도와 인기도를 계산
BLOG Activity	블로그 서비스에서의 활동 지표를 참고해 얼마나 활발한 활동이 있는 블로그 인지를 계산
BLOG Editor 주제 점수	딥러닝 기술을 이용해 문서의 주제를 분류하고, 그 주제에 얼마나 집중하고 있는지 계산
공식블로그	네이버 블로그에서 선정한 공식 블로그인지 여부를 반영

〈출처 : 네이버 검색 공식 블로그 http://blog.naver.com/naver_search/220774795442〉

Q4 파워 블로그가 되고 싶어요. 방법이 있을까요?

이제는 파워 블로그의 정의가 무의미해졌습니다. 각 포털에서 파워 블로그로 나오는 폐단들 때문에 파워 블로그 제도를 없앤 지 오래입니다. 왜냐하면 '파워 블로그'라는 타이틀을 달았더니 상업적으로 활용되면서 오히려 좋은 취지가 변색하였기 때문입니다. 즉, 진정성 있게 콘텐츠를 생산해서 자연스럽게 파워 블로그가 되기보다는 파워 블로그가 돼서 이윤을 추구하기 위한 콘텐츠를 생산하는 경우가 일어났기 때문입니다.

그래서 파워 블로그라는 공식적인 타이틀이 없어졌지만, 그럼에도 불구하고 마케팅에서는 영향력이 많은 블로그를 '파워 블로그'로 지칭하고 있습니다. 그럼 어느 정도의 일일 조회수가 나와야 파워 블로그로 간주할까요? 적어도 하루 5,000명 이상의 방문자가 와야 파워 블로그라고 할 수 있습니다. 여기서 범위를 조금 더 좁혀본다면 하루 1만 명 정도의 방문이라면 어디서 자랑하듯 파워 블로그라고 할 수 있습니다. 하루 1만 명의 방문자 수는 인터넷상에서 일종의 헤게모니(주도권)입니다. 다시 말해 인터넷 권력이 있는 것으로, 여러 가지 영향력을 미칠 수 있습니다.

그런데 블로그를 제대로 하면 하루에 5천 명 정도는 충분히 유입이 가능합니다. 보통 파워 블로그들은 모든 글이 다 좋아서 하루에 5천 명이 넘는 방문자를 받는 것이 아닙니다. 그중에서도 킬러 콘텐츠들이 조회수를 늘려주는 것입니다. 저도 하루에 5천 명 이상씩 유입이 될 때는 주요 키워드로 구성된 킬러 콘텐츠들이 있었습니다. 네이버 상단에 걸리는 콘텐츠 같은 것들입니다. 키워드마다 다르겠지만, 제 경험으로는 보통 네이버 상단에 걸리면 하루에 700번의 트래픽을 일으켰습니다. 이런 킬러 콘텐츠들이 10개만 되면 하루에 7,000회의 조회수가 되는 것이죠.

예를 들어 200개 글이 있다면 그중 킬러 콘텐츠 몇 개가 그 블로그를 파워 블로그로 만들어 줍니다. 그럼 나머지 글들은 쓸데없는 걸까요? 아닙니다. 그런 글들이 있었기에 네이버 알고리즘에 의해 블로그가 전문성 있게 올라간 것입니다. 재미있는 사실은 킬러 콘텐츠를 만들기 위해서 기가 막히게 잘 쓴 글은 오히려 킬러 콘텐츠가 안 되고, 덜 신경 쓴 글이 킬러 콘텐츠가 된 경험들이 많았습니다. 그렇게 하다 보니 분석을 통해 하나의 법칙을 발견하게 되었습니다. 바로 제목을 잘 뽑아야 한다는 사실입니다.

일단 제목이 좋아야 대중들은 터치합니다. 그렇게 터치가 많아지면 자연스럽게 알고리즘에 의해 상위로 올라가게 되죠. 선순환 작용입니다. 그래서 파워 블로그가 되려면 첫 번째로 제목을 잘 써야 합니다. 그럼 제목은 어떻게 뽑을 수 있을까요? 여기에 바로 '네이버 검색광고' 플랫폼을 활용할 수 있습니다.

> **Q5** 파워 블로그 제목 뽑는 방법을 알려주세요.

파워 블로그 제목을 어떻게 만드는지 실습을 통해 알아보겠습니다. 예를 들어 여러분이 주얼리 제품을 판매하는 쇼핑몰이라고 가정하고, 그것을 자신의 블로그를 통해서 홍보하려고 합니다.

01 먼저 자신의 아이템과 어울리는 홍보키워드 30개를 뽑습니다. 저는 주얼리니까 주얼리 제품을 홍보할 수 있는 연관키워드를 뽑아야 합니다.
네이버 검색광고 플랫폼에서 키워드 ❶ [주얼리]를 검색하고 ❷ [조회하기]를 클릭합니다.

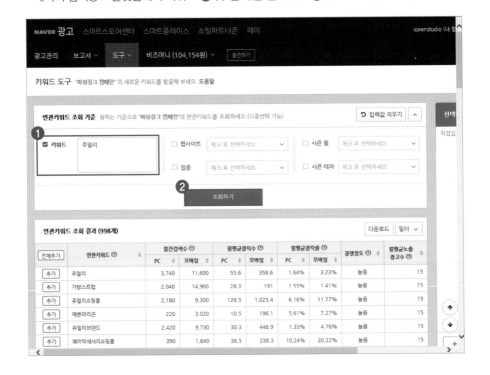

02 앞서 네이버 검색광고에서 설명했듯이 ❶ [모바일] 기준으로 정렬합니다. 검색을 해보니 ❷ [귀걸이]는 모바일에서 193,300회로 1위, [생일선물]는 2위, [스와로브스키귀걸이]는 3위입니다. 조회수도 많습니다. 이 말은 사람들이 네이버를 통해 많이 검색하고 있고, 또 많이 찾고 있다는 것입니다. 그만큼 블로그를 볼 가능성이 큽니다. 그래서 193,300건을 기록한 '귀걸이'라는 키워드로 블로그 제목을 달면 될까요? 아직은 아닙니다. 한 가지 더 확인할 것이 있습니다.

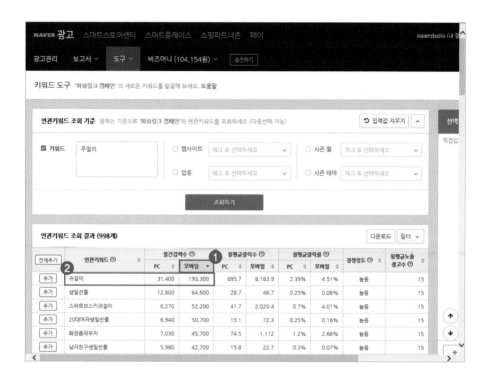

네이버 블로그 검색으로 ❶ [귀걸이]라는 키워드로 쓴 ❷ [블로그] 탭의 포스팅이 몇 개가 있는지 확인 합니다. 무려 ❸ 1,133,378건이 존재합니다. 그렇다면 살포시 이 키워드는 포기합니다. 왜냐하면 우리의 목적은 블로그 상단에 나오는 것인데, 블로그를 처음하시거나 최적화되어 있지 않은 블로그라면 1,133,378건들과 싸워봤자 에너지 소비만 될 뿐이고 상단에 오를 확률이 희박하기 때문입니다. 저 정도 에서 상단에 꽂으려면 파워 블로거가 아닌 이상 무척 어려우므로 포스팅의 의미가 없다는 것이죠.

04 이런 식으로 하나하나 검색해 봅니다. ❶ [20대여자생일선물] 이라는 키워드를 볼까요? 한 달에 네이버 검색 모바일 조회수로 50,700회 조회가 됩니다. 괜찮은 숫자입니다. 그럼 이 키워드로 블로그가 몇 건 정도 있는지 볼까요? 와! ❷ 14,059건 밖에 없습니다.

05 즉, '20대여자생일선물' 키워드는 사람들이 많이 검색하는 반면, 블로그 건수가 적어서 이 키워드로 블로그를 썼을 때 내가 상위로 노출될 가능성이 매우 큽니다. 만약 상위로 노출되어 블로그 조회수가 높아지면 선순환 작용으로 인해 내 블로그 지수도 높아지므로 블로그의 다른 글에도 좋은 영향을 주게 됩니다.

06 이때 주의할 점이 있습니다. 바로 네이버 모바일 사이트에서 ❶ [20대여자생일선물] 검색 시 ❷ 통합검색에 블로그나 포스트 등이 잡히는지 확인하는 것입니다. 만약 모바일 사이트 통합검색에 잡히지 않는 키워드라면 의미가 없습니다. 왜냐하면 블로그가 소비자들에게 노출이 잘 안 된다는 뜻이기 때문입니다. 다행히 네이버 모바일 VIEW 카테고리에 나오는 키워드입니다.

07 여기서 더 전략적인 팁을 보여드리겠습니다. 검색광고에서 확인한 [20대여자생일선물] 데이터를 다시 확인해 보겠습니다.

'20대여자생일선물' 데이터

연관키워드	스마트스토어		오픈 마켓		자사몰(독립몰)	
	PC	모바일	PC	모바일	PC	모바일
20대여자생일선물	6,940	50,700	15.1	72.3	0.25%	0.16%

표를 보시면 월평균클릭률이 모바일 기준으로 0.16%입니다. 그렇다면 이렇게 분석하시면 됩니다.

ⓐ 검색은 많으나 광고를 클릭하지 않는다.
ⓑ 이는 물건을 구매할 의사가 없다는 뜻이고, 이 키워드는 여자친구 선물 등에 관한 정보를 찾기 위한 키워드다.
ⓒ 그렇다면 블로그에 충실한 정보를 담아서 블로그 조회수를 높이는 것을 목적으로 해야겠다.

그런데 만약 클릭수도 많고 클릭률이 높다면 어떻게 해야 할까요? 정보제공은 당연하고, 본문에다가 '상품 바로가기'나 '상품 더 보기' 등 구매로 이어질 수 있는 장치를 마련해야 합니다. 바로가기 배너를 만들어 쇼핑몰 주소를 연결하는 방법으로 유저들을 쇼핑몰로 넘기는 작업을 해야 합니다. 우리는 이런 배너를 전문용어로 CTA(Call To Action)라고 하고, 링크로 넘어가는 비율을 클릭률(CTR, Click Through Ratio)이라고 말합니다.
물론 월 평균 클릭률이 높지 않은 상품에 해줘도 됩니다. 다만 월 평균 클릭률이 높은 키워드로 포스팅을 했다면 잊지 말고 반드시 내 쇼핑몰 렌딩 페이지로 넘기도록 유도해야 합니다. 이런 구체적인 방법은 실제로 제가 활용하고 있는 스킬입니다. 조회수를 보고 키워드 잡는 것은 이미 다 알려진 사실이지만, 클릭률까지 분석하여 소비자 니즈에 따른 블로그 포스팅 전략 잡는 것은 대행사 직원들도 저의 강의와 스킬을 배우러 올 정도로 효율성이 높은 방법들입니다.

08 그렇게 제목을 선별하여 본문까지 쓰셨다면 꼭 공유하시길 바랍니다. 앞서 설명한 대로 Chain Score의 지수를 높여주는 작업입니다. 여러분의 글이나 블로그 주소가 SNS상에서 공유된다면 정말 좋은 일입니다. 다시 말해 얼마나 소통이 되고 있는가가 중요합니다. 그러니 많이 공유하시길 바랍니다.

Tip: 네이버 로직과 블로그에 대한 도움이 되는 글

이렇게 네이버 로직과 파워 블로그가 되는 방법을 정리해 봤습니다. 네이버도 공식적으로 많은 부분들을 설명하고 있습니다. 도움이 되는 글이니 소개를 해드립니다.

- 최적화 블로그, 저품질 블로그에 대한 네이버 공식 내용
  https://bit.ly/2KDGCa3
- 네이버 블로그 검색랭킹 알고리즘 이야기
  https://bit.ly/333W8T1
- 네이버 검색 반영 요청하기 (고객센터)
  https://bit.ly/2QE1YZ1

Q6 블로그 마케팅의 방법론은요? 블로그로 뭘 해야 하죠?

그럼 우리가 블로그를 활성화해서 무엇을 얻을 수가 있을까요? 개인 파워 블로거들은 대부분 재미를 위해서 하시는 분들이 많고, 또 어떤 분들은 경제적 이윤을 바라고 후기나 리뷰를 하시곤 합니다. 그럼 쇼핑몰 운영자들에게는 블로그의 목적에 어떤 목적이 있으며, 그 목적을 달성하고자 어떤 방법론이 있을까요?

다시 생각해보면 쇼핑몰 운영자가 블로그를 활성화해서 무엇을 얻을 수 있을까요? 바로 고객의 DB입니다. '고객 DB라고?' 반문하시는 분이 계실 거로 생각합니다. 이런 것을 퍼미션 마케팅(Permission Marketing)이라고 합니다.

현재 미국의 전자상거래업, 즉 온라인 쇼핑몰은 IT와 맞물려 큰 변화와 성장을 기록하고 있습니다. 우리가 알고 있는 성공한 쇼핑몰들의 공통점은 꼭 앞에 고객의 이메일 주소나 DB를 얻으려 한다는 사실입니다. 이 말은 고객의 니즈를 알 때 그에 맞는 상품과 솔루션을 제공할 수 있다는 것이죠. 그 중심에는 고객의 어느 정도의 정보 동의(Permission)가 필요합니다. 고객이 무엇을 좋아하고 무엇을 가치 있게 생각하는지 안다면 그것이야말로 성공으로 가는 지름길이라고 볼 수 있습니다. 하지만

그런 DB를 얻는 것이 문제입니다.

대형할인마트를 가면 항상 우리는 뭔가 전단지나 쿠폰을 받습니다. 그럼 꼭 주소나 전화번호 등등 개인정보를 받습니다. 또는 굳이 쓸 필요가 없는 가족 구성까지 써야 하는 경우도 있습니다. 자녀가 있는지 없는지는 왜 물어볼까요? 결혼했는지 안했는지 왜 물어볼까요? 바로 고객의 DB가 힘이기 때문에 어떻게든 고객의 DB를 받으려 하기 때문입니다.

우리도 마찬가지입니다. 사업을 하는데 고객의 DB는 너무나 소중합니다. 그렇다고 우리가 대기업처럼 자동차나 수백만 원의 경품을 걸고 이벤트를 할 수 없는 노릇이고, 그것을 하고 싶어도 고객과 만날 수 있는 접점이 없다는 것이 문제입니다. 대형 유통업체야 고객을 만날 수 있는 마트라도 있지, 쇼핑몰을 하시는 분들은 실제로 고객을 만날 수 있는 접점이 없기 때문입니다. 오프라인 매장이 있으면 그나마 낫지만 대부분의 쇼핑몰은 온라인만 하시는 분들이 많기에 더더욱 고객과 만날 접점이 없습니다.

그래서 추천하는 전략이 바로 블로그를 활용하는 방법입니다. 제가 203만 파워 블로그를 운영하면서 깨달은 점은, 정말 여기서 다양한 사람들을 만났다는 것입니다. 댓글을 통해, 게시글을 통해 또는 수많은 칭찬과 응원을 통해 고객과 접점을 찾았습니다. 바로 여기서 우리가 왜 블로그 조회수를 늘리려 하는지, 왜 여러분은 파워 블로그가 되고 싶은지에 대한 답을 알 수 있습니다. 결국 대중(고객)과의 접점을 찾고 싶어서, 즉 소통을 하고 싶어서입니다. 이것이 블로그의 핵심입니다. 하루에 100명 방문하는 블로그라면 100명과 소통하는 것이지만, 하루에 5천 명 혹은 1만 명씩 오는 블로그는 그만큼 많은 대중(고객)들과 소통하는 것입니다. 고객과의 접점을 그곳에서 찾을 수 있는 것입니다.

만약 하루에 5천 명이 방문했다면, 그럼 여러분의 상품을 5천 명에게 알릴 좋은 기회가 있습니다. 그리고 그 상품에 대해서 댓글이나 네이버스마트스토어의 소식알림 등으로 대화하고 이야기를 나눌 수 있습니다. 하물며 하루에 1만 명씩 찾아온다면 여러분은 하루에 1만 명과 만날 수 있는 접점을 찾을 수 있는 것입니다.

그럼 어떤 방식으로 고객의 DB를 받을 수 있을까요? 첫 번째로 사이드 배너를 활용합니다. 만약 투명 위젯을 써서 블로그 디자인을 했다면 우측 배너는 활용을 하지 못합니다. 그런 경우 오히려 상단 디자인에 배너를 통해서 소통할 수 있습니다. 투명 위젯이 아니라면 2단, 3단 블로그로 사이드 배너를 활용하여 소비자에게 내가 알리고자 하는 메시지를 전달할 수 있습니다. 왜냐하면 배너는 여러 상품을 봐도 항상 사이드에 동일하게 보여주기 때문입니다. 이것을 잘 응용하는 곳이 '스타일난다' 쇼핑몰입니다. 요즘 디자인을 바꿨지만, 그동안 배너활용을 참 잘했던 쇼핑몰 중 하나였습니다. 마케팅 감각이 참 좋은 쇼핑몰이라고 생각합니다.

두 번째로는 그 사이드 배너에 이벤트나 프로모션을 넣어야 합니다. 사이드 배너에는 고객의 흥미를 느낄 수 있는 이벤트나 프로모션을 걸면 됩니다. 홈페이지나 웹 디자인의 기본 프레임이라고 볼 수 있음에도 불구하고, 아직도 쇼핑몰 대표님들은 아무래도 마케팅 경험이 많지 않다 보니 활용까지 이어지기 어려운 것 같습니다. 사이드 배너에다가 1주년 기념 이벤트나 런칭 기념 이벤트 등의 프로모션을 걸어서 고객의 DB을 얻어야 합니다. 블로그는 고객과 만날 수 있는 좋은 접점이 되기 때문인데, 1만 명 또는 5천 명씩 만날 수 있는 곳은 그리 흔하지 않습니다.

CHAPTER 16 네이버 포스트

Q1 **Q1** 네이버 포스트가 뭔가요?

포스트를 정의하자면 '모바일형 블로그 콘텐츠'로 요약할 수 있습니다. 거기에 몇 가지 특징을 더한다면 '태그가 가능하고 팔로우 형태의 모바일 잡지'라고 할 수 있습니다. 카드 뉴스 형식의 콘텐츠 공유가 쉽고, 무엇보다 잡지 형태의 연재가 가능하여 구독자를 모을 수가 있다는 것이 특징입니다. 한마디로 모바일 잡지를 만들 수 있다는 것입니다. 또한 인스타그램처럼 공식 마크를 제공합니다. 앞서 소개드렸던 스타일난다를 예로 들면 '스타일난다의 공식 포스트'라고 확인할 수 있습니다.

처음 포스트가 나왔을 때 포스트는 인기가 많지 않았습니다. 이유는 간단했는데, 포스트는 네이버 통합검색에 잡히지 않았기 때문입니다. 솔직히 네이버의 많은 플랫폼을 활용하는 이유는 대부분 마케팅 목적에 의해서 사용되는 경우가 많은데, 당시 포스트는 네이버 검색에 잡히지 않으니 포스트를 활용할 이유가 없었던 것이죠. 저도 처음에는 충분히 검색에 잡아줄 만 한데 노출이 안 되는 것을 의아해했습니다. 그러다가 최근에 역시 포스트가 검색에 잡히자마자 인기를 얻게 되면서 많은 마케팅 대행사와 업체들이 사용하기 시작했습니다. 이뿐만 아니라 요즘에는 기업들의 공식 페이지로 활용을 하고 있습니다.

Q2 블로그랑 차이점이 무엇이죠?

블로그와의 가장 큰 차이점은 '모바일에 얼마만큼 최적화되어 있는가'입니다. 물론 두 플랫폼 모두 스마트에디터를 사용하기 때문에 모바일에 최적화시킬 수는 있습니다. 하지만 블로그는 여전히 PC 기반으로 텍스트가 많은 콘텐츠가 양성되기에 콘텐츠 자체가 모바일에 최적화되기 어렵습니다. 모바일은 화면이 작다는 특징을 가지고 있기에 정보 노출량이 적습니다. 그런 상태에서 텍스트가 많은 콘텐츠를 고객에게 제공하면 질려서 나가기 일쑤입니다. 그런 상태에서 텍스트가 많은 콘텐츠를 제공한다면 질려서 나가버리기 일쑤입니다. 그래서 모바일에 최적화된 카드 뉴스 등의 이미지가 있는 콘텐츠와 동영상 콘텐츠가 매우 적합합니다.

▲ 네이버 포스트 스마트에디터 3.0 카드형 글쓰기 모드

저는 그런 생각을 해봅니다. '블로그와 포스트는 언젠가는 합쳐질 운명이다'라고 말입니다. 이유는
말씀드렸다시피, 이제는 모바일 중심으로 재편이 될 것이기에 언젠가는 모바일 환경에 맞는 플랫폼
으로 합쳐질 가능성이 크다고 생각하기 때문입니다.

Q3 블로그를 해야 할까요? 포스트를 해야 할까요?

그럼 이런 질문들을 많이 하십니다. "교수님. 블로그를 해야 할까요? 포스트를 해야 할까요?" 물론
제 의견일 뿐이지만 결론부터 먼저 말씀드리면, 블로그를 해오고 있다면 블로그를 계속하시길 바랍
니다. 하지만 블로그나 포스트 둘 다 하지 않고 있는 상태에서 콘텐츠 작성을 시작하려고 한다면, 저
는 포스트를 추천해 드립니다. 왜냐하면 모바일에 더 최적화되어 있기 때문입니다. 물론 네이버 블
로그도 스마트에디터 글쓰기 모드가 가능해서 모바일에 최적화된 글을 작성할 수 있지만, 아무래도
플랫폼 자체가 PC부터 시작했기 때문에 태생부터가 다르다고 볼 수 있습니다. 그래서 이제 콘텐츠
를 만들어 보려고 한다면 저는 포스트를 추천 드립니다.

또 한 가지 이유는 바로 콘텐츠 양이 블로그보다 적다는 것입니다. 즉, 내 포스트가 상단에 걸릴 확률이 크다는 뜻입니다. 블로그는 이미 많은 대행사가 수많은 콘텐츠를 만들어낸 상태로, 파워 블로거를 동원하거나 사들였던 블로그가 많이 있습니다. 하지만 아직 포스트는 그러지 못합니다. 그래서 저는 상단에 걸릴 가능성이 더 큰 포스트가 좋다고 봅니다.

포스트를 쓰는 것은 어렵지 않습니다. 어차피 같은 스마트에디터 모드로 작성되기에 블로그 및 스마트에디터 상품등록과 전혀 다르지 않습니다. 이미 우리는 스마트스토어 상품등록 때 배웠기에 크게 어렵지 않게 작성할 수 있을 것입니다. 이처럼 스마트에디터는 네이버의 모든 콘텐츠 창작 툴이기에 꼭 잘 익혀두시길 바랍니다.

CHAPTER 17

네이버 모두(modoo!)

Q1 네이버 모두(modoo!)가 무엇인가요?

모두(modoo!)는 '소상공인들을 위한 네이버에서 만든 무료 모바일 홈페이지'라고 요약할 수 있습니다. 저는 네이버가 모두 서비스의 베타 테스트를 진행할 때 가입을 하고, 누구보다 빠르게 모두 서비스를 시작했습니다. 그때는 '좋은 도메인을 누가 빨리 선점하는가'의 싸움이었습니다. 물론 지금은 2차 도메인을 설정할 수 있기 때문에 의미는 없지만, 베타테스트 때는 도메인 선점이라는 재미있는 에피소드도 있었습니다. 그래서 그때 바로 모두 서비스를 가입하고 'prman'이라는 모두 서비스 아이디와 도메인을 확보했었습니다. 그리고 모두가 제공하는 기능과 앞으로의 확장성 그리고 활용도에 대해서 연구를 시작했는데, 참 착한 서비스라는 생각을 했습니다.

무엇보다 네이버 모두(modoo!)가 좋은 이유는 무료라는 사실입니다! 모두 서비스 시작 전만 하더라도 당시 모바일 홈페이지를 만들려면 200~300만 원이라는 엄청난 비용이 들었습니다. 그것도 개발자들이 프레임만 짜주는데 그 정도이고, 완성된 모바일 홈페이지를 만드는데 견적을 받아보면 2,000만 원 정도였습니다. 모바일 홈페이지 프레임은 몇 백만 원이면 되지만, 이미 PC에 최적화되어 있는 콘텐츠를 모바일로 최적화하는 작업이 여간 만만한 일이 아니라서 그런 것 같습니다. 그런데 네이버 모두는 '무료'입니다. 물론 처음부터 새로 만들어야 하지만 일단 프레임을 짜는 데만 수백만 원이라는 비용이 안 든다는 사실이 매력적입니다.

모두의 또 다른 특징은 이미 템플릿이 마련되어 있다는 점입니다. 내가 미용하는 사람이라면 미용업을 하는데 필요한 모바일 홈페이지 기능들이 마련되어 있습니다. 내가 무슨 업종을 하는지만 선택하면 알아서 착착 설정해줍니다. 내가 컨설턴트라면 컨설턴트에 필요한 홍보 페이지나 예약 페이지 등을 알아서 만들어 줍니다. 이렇게 이미 만들어진 템플릿이 최적화되어 제공되며, 네이버의 여러 가지 기능들과 연동이 되어 무척이나 편리합니다.

Q2 네이버 모두 만드는 방법을 알려주세요.

---

01 네이버에서 [네이버 모두]를 검색하시면 쉽게 페이지를 찾을 수 있습니다. 메인 페이지에서 ❶ [로그인] 후, ❷ [나도 시작하기]를 선택합니다.

02 모두 활용 안내를 ❶ [이메일로 안내받기]를 선택하고 ❷ [확인]을 클릭합니다.

03 이번에는 내 홈페이지에 딱 맞는 구성을 위한 질문들입니다. 이때 ❶ [X]를 누르면 운영자가 직접 하나 하나 만들어야 합니다. 하지만 질문에 답을 넣고 ❷ [다음]을 선택하면 업종별 템플릿을 쉽게 만들 수 있 습니다. 스마트스토어를 사용한다면 ❸ [스마트스토어 사용 중]을 체크합니다.

04 나의 업종을 선택합니다. ❶ 원하는 업종을 선택하고 ❷ [확인]을 클릭합니다. 이 부분이 네이버 모두의 핵심입니다. 내가 원하는 업종에 따라 필요한 모바일 페이지가 만들어집니다. 모두는 네이버 계정 1개당 3개의 홈페이지를 만들 수 있습니다. 무한대로 생성되지 않습니다.

05 자! 홈페이지가 완성됐습니다. 선택한 업종에 필요한 페이지가 알아서 구성된 것을 확인할 수 있습니다.

06 메인 페이지의 디자인을 변경할 수도 있습니다. ❶ 메인 페이지는 [정보형], [이미지형], [포스터형], [버튼형], [자유형]인데, 주로 [이미지형]이나 [포스터형]을 많이 선택합니다. 왜냐하면 모바일 홈페이지이기 때문에 첫 페이지를 단순하게 디자인하기 위해서입니다. 그리고 ❷ [정보수정]을 클릭하여 홈페이지의 기본정보를 입력합니다. 이미 스마트스토어에서 세팅했던 사진과 로고 디자인을 그대로 활용하시면 빠르게 제작이 가능합니다. 이렇게 하나하나 원하는 콘텐츠를 채워나가면 손쉽게 모바일 홈페이지가 완성됩니다.

Q3 스마트스토어와 연동하는 방법을 알려주세요.

01 모두 메인에서 ❶ [홈페이지관리]를 선택합니다.

02 ❶ [스토어] 연결하기 클릭합니다. 안내창이 나오면 ❷ [modoo!에 내 스마트스토어 연결하기]를 클릭합니다.

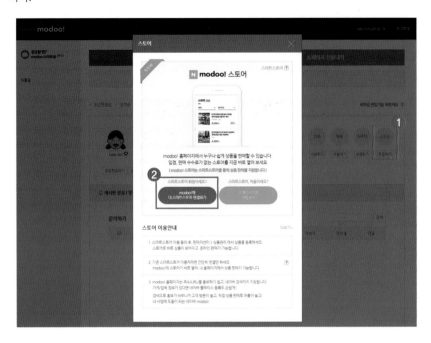

03 ❶ [네이버 아이디로 인증]을 클릭합니다. 처음 스마트스토어를 가입할 때 네이버 아이디로 가입하라고 권장해드렸는데, 바로 이런 연동 때문에 그렇습니다. 네이버 아이디로 가입하면 네이버의 여러 플랫폼과 쉽게 연동이 가능합니다.

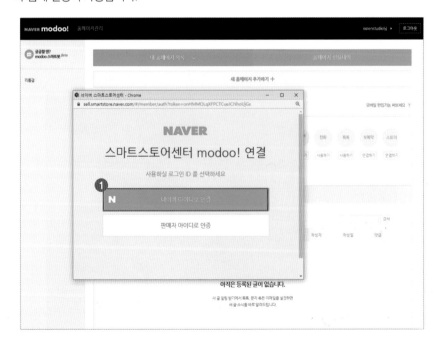

04 [확인]을 클릭하여 연동을 마무리 합니다.

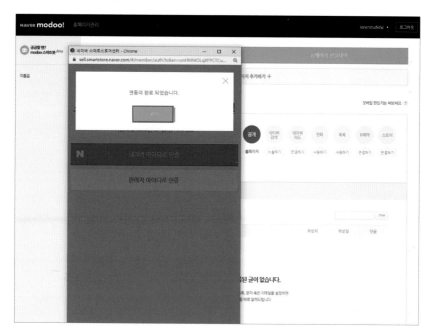

05 모두(modoo!) 메인페이지로 이동하여 모니터링 해봅니다.

❶ [스토어]를 클릭하면 스마트스토어 상품과 연동되었음을 확인할 수 있습니다.

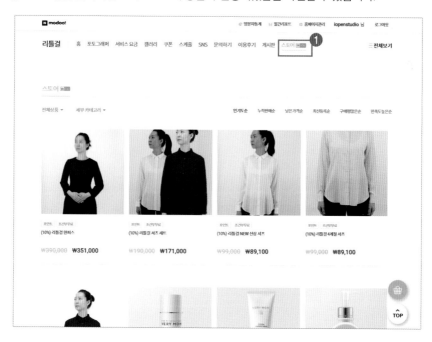

06 만약에 제대로 연동이 안 될 경우 스마트스토어 관리자페이지로 이동하여 ❶ [노출관리] ❷ [노출 서비스 관리] ❸ [Modoo!]로 들어가 설정이 제대로 되어 있는지 확인합니다. 연동은 모두(Modoo!) 관리자 페이지에서 설정해야 스마트스토어에서도 설정을 확인할 수 있습니다.

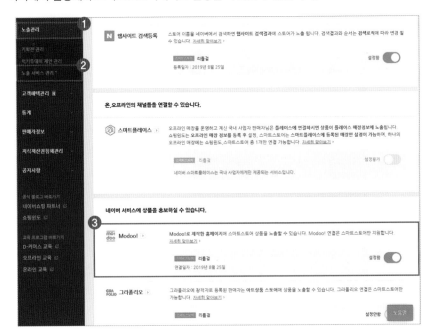

CHAPTER

18 네이버 스마트플레이스

Q1 네이버 스마트플레이스가 무엇인가요?

네이버 스마트플레이스는 내 상점을 네이버 지도등록 할 때 사용하는 서비스입니다. 우리가 맛집을 검색했을 때 네이버 지도 서비스에 나오는 것처럼, 내 사업장 주소지를 네이버에 가입할 때 쓰는 서비스입니다. 예를 들어 '프로피알' 상호를 네이버에서 검색했을 때 아래처럼 지도가 노출되게 됩니다. 사업을 한다면 당연히 등록해야 하는 서비스입니다.

그런데 한 가지 주의할 점이 있는데, 이는 스마트스토어 운영자라면 한번 고민을 해야 하는 것입니다. 보통 스마트스토어 운영자 중에는 간이과세자가 많고, 그중 사업자 주소지를 '집 주소'로 하시는 분들이 많습니다. 만약 그런 분들이라면 굳이 지도등록을 하라고 권유 드리지 않습니다. 왜냐하면 여러분의 개인정보가 노출되기 때문입니다. 또한 주소가 '○○ 아파트 ○○○동 ○○○호'로 되어 있으면 이미지상 좋아 보이지 않습니다. 또는 이와 관련해서 다음과 같은 경우도 있습니다. 고객이 옷에 대한 불만이 생겨 사무실로 찾아오는 경우, 특히 욕을 하시면서 불만을 표현하는 사람들도 있습니다. 사업을 하다 보면 다양한 사람을 많이 만나게 되는데, 그런 사람들이 나의 집 주소를 알고 있다고 생각해 보시길 바랍니다. 정말 끔찍합니다. 그러니 사업장이 집 주소일 때는 가급적 지도등록을 피하시길 바랍니다.

하지만 [네이버 윈도]를 하시는 분들은 적극적으로 활용해야 하는 서비스입니다. 즉, 스타일윈도같이 오프라인 매장이 있다면 네이버 지도검색 등록은 필수입니다. 나의 스토어가 당연히 네이버에서 검색에 나와야 공신력도 생기고 노출이 더 잘 되기 때문입니다. 다음은 네이버 스마트플레이스를 통해 네이버 지도검색에 등록하는 방법을 알아보겠습니다.

Q2 지도검색에 우리 상점이 나오게 하는 방법을 알려주세요.

01 먼저 네이버 [로그인] 후, [네이버 스마트플레이스]를 검색해서 메인 페이지에 들어옵니다. 메인 페이지에 ❶ [신규등록]을 선택합니다.

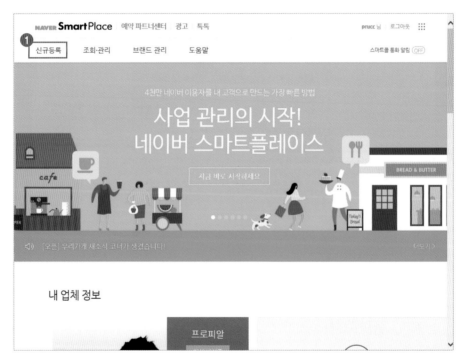

02 [등록내역조회]를 통해 이미 등록된 곳인지 아닌지를 확인합니다. ❶ [업체명] 등 정보를 입력하고 ❷ [업종검색]을 선택합니다.

03 [업종검색]에서 [종목]을 넣으라고 합니다. 그래서 사업자등록증에 나와 있는 종목을 확인하게 되는데, 대부분 [전자상거래업]으로 되어 있습니다. 문제는 스마트플레이스에서는 업종 종목 중 [전자상거래업]을 선택할 수 없다는 것입니다. 여기서는 본인이 패션을 하는지, 화장품을 하는지 그 업종을 선택해 주시면 됩니다. 저는 ❶ [패션]을 검색해 ❷ [종합패션, 일반]을 선택했습니다.

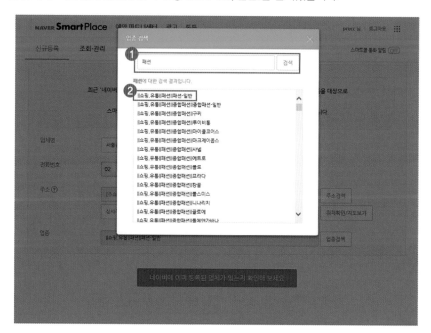

04 [필수정보입력]에서 노출하고 싶은 정보를 입력합니다. 단, 주의할 점은 여러분이 핸드폰 번호를 넣으면 그대로 노출될 가능성이 크므로, 웬만해서는 핸드폰 번호를 입력하는 것을 추천하지 않습니다. 대표번호가 없으면 어쩔 수 없지만, 있다면 꼭 대표번호로 넣어 주시길 바랍니다. 그 다음 ❶ [증빙서류 첨부]에서 사업자등록증을 업로드 합니다.

05 ❶ [상세정보 입력]을 입력합니다.

여기서 ❷ [스마트콜] 항목은 사업장 가상번호라고 보시면 이해하기 빠른데, '050'이라는 가상번호를 얻을 수 있는 것입니다. 우리가 온라인 쇼핑할 때 배송 과정에서 실제 핸드폰 번호 노출을 하지 않기 위해서 가상 안심번호라고 체크를 하는데, 이와 같은 원리입니다. 가상번호가 주어지는 것입니다. 그래서 만약 사업장 전화번호에 핸드폰 번호를 입력했다면 이런 스마트콜 번호로 대신해서 노출할 수 있습니다. 그런데 이런 050 번호가 소비자들에게 아직 익숙하지가 않아, 브랜드 이미지가 오히려 마이너스가 될 수도 있으므로 선택적으로 사용하시는 것이 좋습니다.

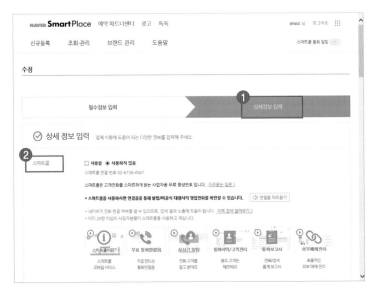

06 ❶ [웹사이트/SNS]에서는 여러분이 연결하고자 하는 모든 채널을 다 연결해 주시는 것이 좋습니다. 그래야 같이 시너지 효과가 납니다. 특히 ❷ [블로그]에 블로그 주소를 같이 넣어주세요. ❸ [블로그 카테고리]를 ❹ [선택함]으로 설정해 주시면 모바일에서 선택된 블로그 카테고리 내 최신 포스트가 플레이스에 노출됩니다. 블로그 최신 글은 해당 카테고리 내에 6개월 이내 쓴 글이 1개 이상이고, 카테고리 내 게시글 3개 이상이어야 노출됩니다.

07 ❶ 이렇게 모바일에서 블로그 최신 글을 확인할 수 있습니다.

08 등록신청이 완료되고 제출서류 안내가 나오는데, 보통 쇼핑몰인 경우 사업자등록증과 통신판매신고증을 내게 됩니다. 단, 간이과세자는 통신판매신고증은 제외합니다. 쇼핑몰과 관련된 업종에 대한 제출서류를 알려 드리겠습니다.

네이버 스마트플레이스 등록 제출서류 안내

유형	제출서류
종합 쇼핑몰, 의류 패션잡화, 가전제품, 상품권	사업자등록증, 통신판매신고증 (간이과세자는 제외)
건강/건강기능 식품 판매	국내 소재 : 건강기능식품 영업신고증 (식약청 발급) 또는 수입판매 영업신고증 (식약청 발급)
꽃배달	국세청에서 최근 90일 내에 발급된 사업자등록증명
한약판매업체(한약방)	한약업사면허 또는 의약품판매업허가증

〈출처: 네이버 스마트플레이스〉

CHAPTER

19 동영상 마케팅

Q1 동영상 마케팅은 무엇인가요?

농영상 마케팅은 어떤 효과가 있는 것일까요? 기업용 동영상 플랫폼 브라이트 코드의 아태 마케팅 담당, 라다 라만 이사는 이런 이야기를 했습니다.

"소비자들이 제품이나 서비스가 어떤 기능을 가졌는지 꼼꼼히 살피기 전에 먼저 생각하는 것은 내가 구매했을 때 어떤 경험을 얻을 수 있는지에 대한 상상이다. 자전거가 티타늄 소재로 됐는지를 따지기보다는 그 자전거를 탔을 때 어떤 즐거움을 맛볼 수 있을지 상상하게 되는 것이다. 디지털 마케팅 시대에 제품, 서비스가 실제 구매로 이어지기까지 가장 앞단에서 소비자들을 모으는 가장 확실한 방법은 '동영상'일 것이다."

충분히 공감됩니다.

▲ 출처 : Videoexplainers(http://www.videoexplainers.com)

그럼 동영상 마케팅을 조금 더 쉽게 이해하기 위해서 사례연구를 해보겠습니다. 여러분의 쇼핑몰을 동영상 마케팅을 통해 어떻게 홍보할 것인지 좋은 아이디어를 제공해 줄 것입니다.

동영상 마케팅의 시초 : 블렌드텍 (blendtec)

블렌드 텍은 당시 직원 200명의 작은 믹서기 회사였습니다. 2006년 새로운 마케팅 담당 자였던 조지 라이트(George Wright)가 '갈 수 있을까요? (Will It Blend?)'라는 영상을 제 작합니다. 이때 이 영상의 컨셉은 사장 톰 딕슨(Tom Dickson)이 모든 재료를 자사의 믹 서기로 갈아버리는 것이었습니다. 이 영상을 유튜브에 업로드하고, 단 5일 만에 600만 뷰를 기록했습니다. 심지어 2007년의 매출이 500%나 성장했습니다. 또한 2007년에는 아이폰 및 아이패드를 갈아버리면서 다시 한 번 이슈 몰이를 했습니다.

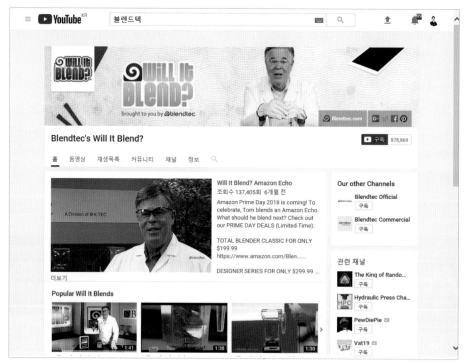

▲ 출처 : Blendtec 공식 유튜브(유튜브에서 'Blendtex' 검색)

'Will It Blend?' 영상은 동영상 마케팅의 시초라고 말해도 될 정도로 유명한 비디오 콘 텐츠입니다. 아이디어가 좋지 않습니까? 믹서기 회사에서 고민한 결과를 비디오 콘텐츠 로 잘 풀어냈습니다. 믹서기의 성능도 자랑하면서 대중들의 관심을 받았으니 말입니다. 또한 우리나라에서는 아이폰이 2009년도에 들어왔지만, 미국에서는 이미 2007년에 선 풍적인 인기를 얻고 있었습니다. 믹서기를 사용하는 젊은 주부들이나 젊은이들 사이에 서 가장 핫한 아이폰을 자사 믹서기로 갈아서 바이럴 영상으로 올렸더니 열광적인 반응 이 왔던 것입니다.

여기서 중요한 것이 있습니다. 바로 '바이럴 영상의 타깃과 내 상품의 타깃이 맞아야 한다'는 것입니다. 내 고객이 지금 무엇에 열광하고 있는지 어떤 트렌드에 민감한지 알아야 합니다. 그리고 그것을 자사 바이럴 영상에 녹여 내야 합니다.

Q2 동영상 제작시 무료음악을 쓰고 싶은데 방법이 있을까요?

동영상 마케팅을 해야겠다고 생각했다면 방법은 직접 만드는 방법과 전문 제작사에 의뢰하는 방법이 있습니다. 그런데 둘 다 제작을 해보면 꼭 걸리는 것이 하나 있는데, 바로 음악 저작권입니다. 전문 제작사에서 견적서를 받아보면 빠지지 않은 것이 음악 사용료 또는 음악 저작권료입니다. 이 음악 사용료(또는 저작권료)는 비용 측면에서 매우 비쌉니다. 하지만 유튜브의 '오디오 보관함'을 통해 무료로 쉽게 해결할 수 있습니다. 전문 용어로 공유저작물을 활용하는 방법입니다. 다음은 '오디오 보관함' 통해 무료음악을 사용하는 방법입니다.

01 유튜브에 ❶ [로그인] 후 ❷ [YouTube 스튜디오]를 선택합니다.

02 [오디오 보관함]을 선택합니다.

03 ❶ [음악] 탭을 클릭합니다. ❷ [보관함 검색 또는 필터링]에서 [검색]을 선택합니다. [If I Had a Chicken]을 검색하고 [적용]을 선택합니다. ❸ [If I Had a Chicken] 곡을 플레이하여 들어보세요. 아마 유튜브 볼 때 자주 듣던 음악일 것입니다. '아! 이 음악! 여기 있는 음악이었어!'라고 유레카를 외칠지도 모르겠습니다. ❹ [오프라인 저장]을 선택하여 음악을 다운로드 한 후 영상 편집에 사용하면 됩니다.

Q3 동영상 제작 방법을 알려주세요.

01 네이버 소프트웨어에서 ❶ [곰믹스]를 검색합니다. 주의할 점은 곰믹스 프로가 아닌 '일반 곰믹스' 입니다. ❷ [무료 다운로드]를 클릭한 후 설치해 주세요. 현존하는 무료 프로그램 중 가장 강력한 동영상 제작 툴이라고 생각합니다. 과거 네이버 동영상편집기도 있었지만, 지금은 사라져서 아쉽습니다.

02 설치하실 때 ❶ [산돌 폰트 설치]는 '제외'해주세요. 다른 이유로 라이선스 문제가 발생할 수 있습니다.

03 ❶ 비디오 트랙에 편집할 영상을 끌어서 옮겨 놓습니다(Drag&Drop). 영상 외에 사진 파일도 가능합니다.
❷ 유튜브 오디오 라이브러리에서 다운로드받은 음악을 오디오 트랙에 끌어서 옮겨놓습니다.

04 자막을 넣어 보겠습니다.
❶ 자막을 넣을 위치에 커서를 위치시킵니다.
❷ [텍스트/이미지]를 선택한 후 ❸ [텍스트추가]를 클릭합니다.

05 ❶ 텍스트에 원하는 글자를 적고, ❷ 자막에 다양한 효과를 넣어 봅니다.
그다음 ❸ [적용]을 클릭합니다.

06 위치한 커서에 ❶ 자막이 추가된 것을 확인할 수 있습니다. 자막을 길게 나오게 하고 싶다면 자막 트랙
에서 자막을 ❷ 마우스로 길게 늘이면 자막시간을 늘릴 수 있습니다.

07 영상 편집은 ① [자르기/분할] 기능으로 영상이나 음악을 잘라서 위치를 수정할 수 있습니다. 또한 그 사이에 새로운 영상이나 사진을 삽입하여 영상 편집이 가능하게 됩니다. 영상의 화면전환 효과를 넣고 싶다면 ②를 선택해 주세요. 다양한 전환 효과를 보실 수 있습니다. 그럼 ③과 같이 다양한 전환 효과를 선택할 수 있습니다. 마우스로 끌어서 자른 영상에 넣어보세요.

08 편집이 완료되었다면 하나의 영상파일로 믹스해 보겠습니다. 전문용어로 [인코딩]이라고 부릅니다. 먼저 ① [인코딩]을 클릭합니다. 그러면 ②와 같이 세팅 값이 보입니다. 비디오는 압축률이 좋은 .mp4 포맷으로 할 것이므로 그대로 ③ [인코딩 시작]을 선택합니다. 만약에 영상 포맷을 수정하고 싶다면 인코딩 전 ④ [출력설정]을 통해 비디오나 오디오의 포맷을 수정할 수 있습니다.

09 인코딩을 시작합니다. 참고로 인코딩 시간은 컴퓨터의 성능에 따라 다릅니다. 그럼 하나의 영상파일로 제작이 완료됩니다.

CHAPTER

20 CRM 고객 응대

> **Q1** 쇼핑몰 고객응대 CS 매뉴얼을 알려주세요.

스마트스토어 운영자로서 꼭 'CS 응대 매뉴얼'을 만드시길 권유 드립니다. 응대 매뉴얼을 만들어 놓으면 직원이 바뀌더라도 일관된 대응이 가능하고, 무엇보다 상품에 대한 올바른 정보를 고객들에게 알려줄 수 있습니다. 쇼핑몰에서 할 수 있는 CS 고객 응대 매뉴얼을 간략하게 알려드리겠습니다. 아침에 출근해서 스스로 또는 직원들과 함께 꼭 한 번씩 연습하도록 합니다.

1. 아침에 출근하여 3번씩 읽는 문구

(1) "나는 성공한다. 나는 성공한다. 나는 성공한다!"
(2) "고객과 만나는 15초의 대화가 기업의 운명이 결정한다"
(3) 쇼핑몰 기업 가치 구호

2. 전화 버릇 고치기

수정 전	수정 후
네?	죄송하지만 다시 한 번 말씀해 주시면 감사하겠습니다.
네.	네. 그렇습니다. 네. 고객님이 말씀하신 것이 맞습니다.
본인이세요?	고객님 본인이 맞으신가요?
누구신가요?	실례지만 전화거신 분이 누구신지 여쭤봐도 될까요?
잠깐만요.	잠시만 기다려 주시겠습니까?
전화 돌려 드리겠습니다.	전문 담당자에게 바로 전화 연결해 드리겠습니다. 혹시 끊어지시면 죄송하지만 한 번 더 연락 부탁드리겠습니다.
제가 담당자가 아니라서요.	제가 담당자가 아니지만, 제가 확인 후에 설명 드리는 것에 대해서 어떻게 생각하시나요? 아니면 전문 담당자가 고객님에게 전화를 드리도록 조치하겠습니다.
쇼핑몰 어디어디에 나와 있습니다.	네. 고객님 많이 불편하셨죠? 쇼핑몰 어디어디에 보시면 확인이 가능하십니다.
(마무리) 네. 수고하세요.	고객님 궁금하신 내용은 다 풀리셨나요? 더 궁금한 사항은 있으신가요? 이렇게 전화 주셔서 감사합니다, 고객님. 좋은 하루 보내세요.

3. 고객전화 응대 핵심 사항

(1) 전화벨이 3번 울리기 전에 받고 자신의 쇼핑몰 이름과 동시에 소속 이름을 말합니다.

(2) 고객에게 설명한 후 이해를 하셨는지 물어봅니다.

(3) 고객의 문의 사항은 처음 받았던 직원이 마무리까지 응대하고, 다른 직원에게 연결할 경우 고객에게 사전 양해를 구해야 합니다. 양해를 구할 때는 꼭 해당 담당자의 이름, 소속, 전화번호를 남겨 전화가 끊어질 경우를 대비해야 합니다. 고객은 처음부터 다시 전화를 거는 것을 싫어하기 때문입니다.

(4) 고객 응대가 끝난 후 항상 고객이 먼저 전화를 끊을 때까지 기다립니다.

> **Q2** 소비자보호법을 기초로 상황별 응대 방안을 알려주세요.

앞으로 말씀드릴 내용은 전자상거래 등에서의 소비자보호에 관한 법률 (이하 전자상거래법)에 의거하여 스마트스토어 운영자들을 위해서 이해하기 쉽게 스토리텔링으로 만들었습니다. 특히 가장 핵심 사항인 제17조(청약철회 등) 중심으로 쉽게 설명하겠습니다.

1. 반품 응대 스크립트

고객	안녕하세요. OOO 쇼핑몰이죠?
응대	네. 고객님. 맞습니다. OOO 쇼핑몰 OO 담당자 홍길동입니다. 무엇을 도와드릴까요?
고객	반품을 하려고 하는데요.
응대	네. 사용하는 데 불편함이 있으셨나 봅니다. 혹시 구매자 성함과 구매하신 상품은 어떻게 되는지 여쭤 봐도 될까요? 전산에서 바로 확인해 드리겠습니다.
고객	구매자는 OOO, 상품은 OOO입니다.
응대	네. 고객님 정보 확인 감사합니다. 혹시 어떤 점이 불편하셨는지요?
고객	상품을 받아 봤는데, 맘에 들지 않아서요. 쇼핑몰에서 본 것과 좀 다른 거 같아요. 그냥 반품하려고요.
응대	네. 그러셨군요. 고객님께서 만족하시지 못했다니 저희가 너무나 죄송합니다. 죄송하지만, 확인해 보니 고객님께서 상품을 수령한 날짜가 이미 10일정도가 되셨는데요, 단순변심으로는 반품이 어려우실 것 같습니다. 7일 이내로 말씀을 해주셔야 합니다.
고객	그런 게 어디 있어요? 제가 한 번도 사용도 안했는데, 저는 이거 맘에 안 드니까 무조건 반품해 주세요.
응대	고객님 너무 죄송합니다. 소비자보호에 관한 법 제17조는 소비자는 단순변심의 경우 7일 이내, 상품에 하자가 있거나 주문 내용과 다를 경우에는 30일 이내에 쇼핑몰에게 취소 · 환불을 요구할 수 있도록 되어 있습니다. (단호한 어투로) 이미 고객님은 상품을 수령한 이후 10일이 경과하셨기에 단순변심으로는 환불이나 취소 반품이 불가능 하십니다. 저희가 도와드리고 싶어도 저희는 소비자보호법을 엄격하게 지키고 있습니다. 현재의 상황으로 저희가 도와드릴 수 있는 방법이 없어서 저희도 안타깝게 생각하고 있습니다.
고객	아… 네. 알겠습니다. 인터넷 찾아보니 정말 7일이라고 되어 있네요.

응대	네. 저희도 도와드리지 못해 다시 한 번 죄송합니다. 다음에는 고객님이 만족하실 수 있도록 좋은 상품으로 보답 드리겠습니다. 혹시 더 궁금해 하시는 사항은 있으신가요? 이렇게 전화 주셔서 감사합니다. 고객님. 좋은 하루 보내세요. 이렇게 저희 쇼핑몰을 이용해 주셔서 감사합니다.

위 사항은 반품 상황을 가정하여 고객 응대 스크립트를 작성한 것입니다. 쇼핑몰은 위 사항처럼 여러 가지 고객 대응 방법을 강구하여 스크립트를 작성해 놓아야 합니다. 중요한 것은 이런 스크립트를 작성하기 위해서는 정확한 쇼핑몰 관련 공정거래법이나 소비자보호법을 알아야 한다는 점입니다. 소비자를 보호하려고 만든 법이다 보니 소비자에 매우 유리하게 되어 있지만, 오히려 운영자 입장에서 생각해 보면 관련법을 통해 고객과의 불필요한 마찰을 예방할 수 있으며 더 명확하게 응대할 수 있습니다. 그렇기에 관련법을 소비자 입장이 아닌 운영자 입장에서 어떻게 해석하고 대응할지 알아보겠습니다.

2. 취소 또는 반품이 불가능한 경우

전자상거래 등에서의 소비자보호에 관한 법률 제17조(청약철회 등)에 따르면 상품이 훼손되거나(포장 제외), 일부 사용하면서 상품 가치가 현저하게 떨어지는 경우에는 환불이나 교환이 불가능합니다. 그렇기에 운영자 입장에서 만약 상품이 훼손되어있다면 청약(취소, 반품 등) 철회 요구를 거부할 수 있습니다. 특히 포장과 상품이 일체형이거나, 포장이 상품의 가치에 영향을 미치는 것이라면 포장 훼손도 반품이나 취소에 대해서 거부할 수 있습니다. 예를 들면 명품 같은 경우입니다.

다시 말해서 운영자 입장에서 고객이 반품 또는 취소를 하여 상품을 받아보았는데, 본품은 아무 이상 없지만 포장이 심하게 망가진 경우가 종종 있습니다. 관련법에 의하면 환불을 해줘야 하는 것이 맞지만, 만약 포장이 상품 가치에 영향을 미치는 것이라면 그것은 조금 더 따져 봐야 합니다. 운영자 입장에서 거부할 수 있다는 것입니다. 단, 이런 사항은 판매 전 미리 고지해야 합니다.

3. 주문 생산일 경우의 상황

쇼핑몰 중에서는 수제구두나 수제 가죽공예 등 맞춤형 주문 상품을 제작하여 판매하시는 분도 있습니다. 주의할 점은 맞춤형 주문 상품이라도 고객이 환불을 요청하면 환불해줘야 합니다. 많은 운영자들이 오해하시는 것이 정확하게 쇼핑몰이 맞춤형 상품은 환불이나 교환 또는 취소가 안 된다고 고지했으니 되는 거 아니냐고 물어보시지만, 그것만으로는 환불을 거절할 수 없습니다.

관련법은 주문생산일 경우 청약철회(취소나 반품, 환불 등)가 불가능한 점을 정확하게 고지를 하고, 그에 대한 소비자의 서면동의를 받아야 한다고 되어 있습니다. 그러니까 고지만으로 끝나는 것이 아니라, 소비자가 그에 대한 내용을 확인했고 동의한다는 것을 받아야 한다는 것입니다.

그래서 꼭 맞춤형 상품, 주문 상품이라면 쇼핑몰에 고지하는 것과 더불어, 구매할 때 옵션 선택으로 환불정책을 확인했고 동의한다는 것을 체크하시도록 한다면 소비자와 불필요한 분쟁은 피할 수 있다고 봅니다. 물론 상품 자체가 수천, 수백만 원씩 호가하는 것이라면 상황에 더 맞는 법률적 해석을 받아 봐야겠지만, 쇼핑몰에서 하는 제품들은 이 정도 법률적 해석으로 소비자와의 불필요한 논쟁이나 서로의 감정이 상하는 일은 충분히 일어나지 않을 것입니다.

4. 세일 상품이나 흰색 옷, 특별 상품일 경우의 취소나 환불

세일 상품, 흰색 옷, 특별 상품일 때 취소나 환불은 할 수 없을까요? 정확한 답은 아닙니다. 이것도 환불해줘야 합니다. 많은 쇼핑몰 운영자님들이 여러 매체에서 잘못된 정보를 보고 이 문제에 관하여 큰 혼란이 있는 것 같습니다. 이 쇼핑몰에 '이 상품은 할인상품으로 환불, 취소가 불가능하다'고 고지하면 된다고 아시는데, 이는 전혀 아닙니다. 백화점이나 아울렛을 가도 흔하게 발견할 수 있는데 다시 한 번 엄격하게 말하면 불법입니다. 그냥 관행처럼 받아들여졌기에 소비자들도 모르고 받아들이는 것이지, 세일 상품 또는 흰색 옷은 취소가 불가능하다고 고지했다고 해서 취소가 안 되는 것은 아닙니다.

그럼 운영자 입장에서 어떻게 대응해야 할까요? 현장에서 사용하는 운용 방법이 있기는 하지만, 먼저 정석대로 설명하겠습니다. 일단 소비자가 정확한 법을 알고 요구한 사항은 절대적으로 고객이 맞기에 법대로 응대해야 합니다. 이것 때문에 고객과 언쟁할 필요가 전혀 없으며, 판매자는 당연히 법대로 환불 또는 취소를 해줘야 합니다. 쇼핑몰을 운영하면 알겠지만 정말 환불이나 취소 때문에 시간이 오래 걸리는 경우가 많습니다. 그런데 잘 나가는 쇼핑몰을 관찰해 보면 특징이 하나 있는데, 무조건 고객이 원하는 대로 환불이나 교환을 해준다는 것입니다. 사실 소비자보호법을 따져보면 대부분 그게 맞기 때문입니다. 즉, 법에 근거하여 소비자와 싸우지 않고 깔끔하게 환불을 해주는 것입니다. 원래는 법대로 해주는 것인데 소비자로서는 서비스가 좋다든가 고객에게 잘한다는 평가를 듣게 됩니다. 이는 고객이 다음에 다시 찾아오도록 만듭니다. 비유를 하자면 2보 전진을 위해서 1보 후퇴하는 것입니다.

5. 하자를 늦게 발견하고 환불을 요구하는 경우

한 고객이 하자를 너무 늦게 발견하고 사용 후 환불을 요구하는 경우가 있습니다. 상식적인 입장에서 보면 환불은 당연히 불가능해 보입니다. 사용하지 않고 바로 요구했으면 환불이 가능한데 사용을 이미 했으니 말입니다. 하지만 관련법은 소비자가 통상적인 주의력을 갖고도 확인하기 어려운 경우에는 착용이나 수선 또는 세탁을 했을지라도 청약철회가 가능하게 되어 있습니다. 그러니까 구매 당시에는 주의력 있게 살펴봤지만 너무나 작은 하자라 발견을 못 했는데, 사용하다가 발견될 수도 있습니다. 논란의 여지는 있을 수 있습니다. 특히 '통상적인 주의력이 어디까지인가' 같은 이런 문제는 있지만 일단은 청약철회는 가능하도록 되어 있습니다.

그럼 판매자는 너무나 억울할 수 있습니다. 게다가 사용한 후에 환불요구는 너무나 심한 처사가 됩니다. 그래서 관련 법규에는 판매자는 소비자가 상품의 일부를 사용해서 얻은 이익 또는 그에 상응하는 비용을 소비자에게 요구할 수 있다고 나와 있습니다. 즉, 소비자도 그 옷을 입고 생활을 통해 이익을 얻었으니 그에 대한 비용을 소비자에게 청구할 수 있는 것입니다.

그래서 그런 소비자가 나타난다면 정확하게 법을 제시하고 사용가치에 대한 비용을 내라고 당당하게 소비자에게 요구해야 합니다. 물론 대부분 하자가 있어도 사용 이후이므로 환불 요구를 잘하지 않는데, 만약 관련법을 근거로 고객이 요구하면 판매자 입장에서도 당당하게 비용을 청구하여 대응할 수 있습니다.

가장 많이 일어나는 몇 가지 사례를 중심으로 설명했습니다. 사실 현장에 나가보면 다양한 사례들이 있어 꼭 하나의 법만을 가지고 판단하기 어려울 때가 있습니다. 그렇기에 혹시 소비자와의 불필요한 분쟁이 일어났다면, 전문적인 법률 서비스를 받아 보시길 권유 드립니다.

이렇게 쇼핑몰 고객 응대 중에서 가장 많은 비중을 차지하는 취소와 환불에 대한 내용을 살펴봤습니다. 특히 스마트스토어 특성상 좋지 않은 리뷰나 후기가 쉽게 공유되기도 하는데, 명확하게 관련법만 숙지하고 있다면 소비자나 운영자가 서로가 곤란한 상황이 만들어지지 않을 수 있습니다.

맺음말

지금까지 스마트스토어에 최적화된 전략기획(PART 1), 디자인 구축 및 운영(PART 2), 네이버 마케팅(PART 3)을 알아봤습니다. 이렇게 체계적으로 쇼핑몰 창업과 마케팅을 가르쳤기 때문에 많은 예비 창업자 및 운영자들이 성공하셨습니다. 여러분도 하나하나 따라 하면서 이제는 어엿한 스마트스토어 운영자가 되어 있을 것이라고 확신합니다.

매번 말씀드리지만, 쇼핑몰 창업과 운영은 꾸준함과 지속성이 중요합니다. 즉, 절대 포기하지 말아야 합니다. 성공에 대한 꿈을 품어야 합니다. 여러분은 충분히 해낼 수 있습니다!

스마트스토어 창업과 운영을 시작하면 주변에 "그렇게 하면 안 된다", "불가능하다", "포기해라" 등 부정적인 말을 하는 분들이 있을 것입니다. 또한, 스스로도 "이미 난 늦었어", "이런 나이에 무슨 도전을…", 이렇게 부정적인 생각을 할 수도 있습니다.

하지만, 지금 이 책을 선택하신 여러분은 분명 다릅니다.

이미 시작하였습니다. 다른 이들은 안 된다고 할 때 여러분은 이미 시작하였습니다. 그리고 꿈을 꾸었습니다. 지금 눈을 감고 성공하고 있는 자신을 그려 보십시오. 그러면 그대로 될 것입니다. 많은 성공한 사람들의 공통점은 바로 여러분과 같이 성공에 대한 꿈을 꾸고 행동한 것입니다.

여러분의 꿈을 저자인 저 권혁중 교수와 디지털북스가 진심으로 응원해 드리겠습니다.

1판 1쇄 인쇄 2019년 12월 10일   **1판 1쇄 발행** 2019년 12월 15일
1판 6쇄 인쇄 2024년 6월 25일   **1판 6쇄 발행** 2024년 6월 30일

—

지 은 이 권혁중
발 행 인 이미옥
발 행 처 디지털북스
정　　가 15,000원
등 록 일 1999년 9월 3일
등록번호 220-90-18139
주　　소 (04997) 서울 광진구 능동로 281-1 5층 (군자동 1-4, 고려빌딩)
전화번호 (02)447-3157~8
팩스번호 (02)447-3159

—

ISBN 978-89-6088-282-9 (13000)
D-19-23

DIGITAL BOOKS
디지털북스

저자협의
인지생략